Sekundarstufe

Walter Loeliger

Vom Rauchzeichen zu Mail & SMS

Die Geschichte der Nachrichtenübertragung von ganz früher bis heute

Lernen mit Erfolg
KOHL VERLAG
www.kohlverlag.de

Vom Rauchzeichen zu Mail & SMS

Die Geschichte der Nachrichtenübertragung von ganz früher bis heute

2. Auflage 2019

Inhalt: Samuel Zwingli
Coverbild: © Alex White - AdobeStock.com & fotolia.com
Illustrationen: Domo Löw
Redaktion für Deutschland: Kohl-Verlag
Grafik & Satz: Kohl-Verlag
Druck: farbo prepress GmbH, Köln

Bestell-Nr. 11 065

ISBN: 978-3-86632-280-6

Inhalt

Inhalt

Bedeutung der Symbole:

EA
Einzelarbeit

PA
Partnerarbeit

Arbeiten in kleinen Gruppen

Arbeiten mit der ganzen Gruppe

VON RAUCHZEICHEN ZU MAIL & SMS
Die Geschichte der Nachrichtenübertragung von ganz früher bis heute – Bestell-Nr. 11 065
KOHL VERLAG

Einleitung

THEMA KOMMUNIKATION

Grundschulkinder bringen unterschiedliche Erfahrungen zum Thema Kommunikation mit. Wenn Kommunikation im Unterricht thematisiert werden soll, geht es vor allem um die Betrachtung dreier Aspekte:

- Geschichte der Kommunikationsmittel
- Bewusstmachen alltäglicher Prozesse
- Spielerische Auseinandersetzung mit dem Thema.

Das fächerübergreifende Lernen anhand des vorliegenden Ordners erfolgt handlungsorientiert und individuell. Die Kinder erhalten neben sachkundlichen Informationen auch die Möglichkeit zum Experimentieren, um selbsttätig Einsichten und Erkenntnisse gewinnen zu können. Sie lernen die Entwicklung von uralten bis hin zu modernen Kommunikationsmitteln kennen, sie setzen sich spielerisch mit fremden Schriften und ungewohnten Zeichen auseinander, sie beschäftigen sich mit Karten und Piktogrammen, sie erhalten Einblicke in Tiersprachen und in die menschliche Körpersprache, sie reflektieren über ihre eigene Ausdrucksweise, sie lernen Briefe schreiben, sie befassen sich mit den Vorteilen von E-Mail und SMS.

Neben Angeboten zur Erweiterung des Grundwortschatzes finden die Kinder auch Bereiche, die Kreativität, Bewegung und eigenes Entdecken zulassen.

EINSATZ IM UNTERRICHT

Grundsätzlich sind die 25 Themenbereiche (siehe Arbeitspass) immer nach dem gleichen doppelseitigen Muster aufgebaut:

Auf der linken Seite finden sich die Arbeitsanweisungen. Sie sollen als Standblätter an den Stationen aufliegen oder von den Kindern mit an ihren Arbeitsplatz genommen werden. Diese Blätter enthalten jeweils einführende Texte („Zum Thema") und konkrete Arbeitsanweisungen („Aufträge").

Auf der rechten Seite findet sich jeweils ein Informationsblatt, eine Vorlage zum Ausschneiden, ein Textblatt oder ein Arbeitsblatt zum Bearbeiten.

Alle Seiten sind als Kopiervorlagen konzipiert; je nach Arbeitssystem genügt es, wenn die linken Seiten (Arbeitsanweisungen) jeweils als Infoblatt bereitliegen; die rechten Seiten sollten jeweils im Klassensatz (ein Exemplar pro Kind) kopiert werden. Die Informationen der linken Seiten müssen also nicht unbedingt in Klassenstärke kopiert werden; es liegt im Ermessen der Lehrperson, welche Themen die Kinder selber erarbeiten sollen und welche frontal vermittelt werden.

Einleitung

ORGANISATION

Auf dem Arbeitspass können die Aufgaben zu Wahl- und Pflichtprogramm direkt eingetragen werden, sollten Sie eine solche Aufteilung anstreben.

Werden die vorliegenden Arbeitsblätter als Werkstatt im herkömmlichen Sinn verwendet, dann lassen sich die allgemeinen Werkstattregeln, die in der Klasse gelten, sinngemäß anwenden.

Die Anweisungen sind bewusst kurz gehalten. Ob nun die Kinder für die Weiterarbeit auf die Rückseite der Blätter schreiben, ob sie ein Heft benützen, in das sie ihre Arbeiten einkleben, oder ob sie mit Zettelchen arbeiten, soll sich nach den Regeln und Gepflogenheiten der Klasse richten. Ebenso können die Vorgaben zu den Sozialformen (Angaben jeweils oben links, EA, PA, GA, individuell angepasst werden.

Bei einigen Kopiervorlagen gibt es keine eindeutigen Lösungen. In Fällen, in denen sich eine Selbstkontrolle anbietet, finden sich dazu Lösungen auf den letzten Seiten.

Viele Themen werden im vorliegenden Ordner nur ansatzweise behandelt. Das ist in der Fülle und der Komplexität unserer Kommunikationsmöglichkeiten begründet. Insofern ist es absolut sinnvoll, wenn einzelne Themen bei Bedarf weiter ausgebaut werden. Hier können und sollen die Kinder auch selbst ihre Beiträge leisten, sei es durch das Sammeln von weiteren Informationen, durch Gruppenarbeiten zu weiteren Themen, durch Vorträge oder durch die Gestaltung von Ausstellungen.

WEITERE IDEEN

Kommunikationsspiel Stille Post: Eine geflüsterte Mitteilung macht die Runde. Kommt sie am Schluss korrekt wieder beim Sender an?

Eine Geschichte weitergeben: Die erste Person erzählt eine kurze Geschichte, die nächste Person erzählt sie jemandem weiter, der sie noch nicht gehört hat usw.. Wie verändert sich die Geschichte?

Wahrnehmung: Die Sinne bewusst einsetzen: Sehen, hören, schmecken, riechen, tasten. Spiele und Übungen zur menschlichen Wahrnehmung.

VON RAUCHZEICHEN ZU MAIL & SMS
Die Geschichte der Nachrichtenübertragung von ganz früher bis heute – Bestell-Nr. 11 065
KOHL VERLAG

Einleitung

WEITERE IDEEN (FORTSETZUNG)

Gesprächsregeln: Regeln für gute Kommunikation innerhalb des Klassenzimmers sammeln, auflisten, anpassen (im Zusammenhang mit „Diskussion in der Gruppe").

Brieffreundschaften: Wer nicht selbst eine Partnerklasse vermitteln kann, findet auch im Internet mögliche Brieffreundschaften.

Papier und Druck: In zahlreichen Museen (z.B. im Museum für Papier und Druck in Basel) können die Kinder selber Papier herstellen und bedrucken (im Zusammenhang mit „Papier und Druck").

Piktogramme: Im Alltag auf den Spuren von Firmenlogos, Vignetten, Steinmetzzeichen etc. (im Zusammenhang mit „Piktogramme", und „Verkehrszeichen").

Musiknoten: Die schriftliche Kommunikation in der Musik anhand einfacher Beispiele aus dem Musikunterricht.

Die Sprache des Comics: Donald Duck, Asterix & Obelix usw. bieten zahlreiche Ansätze.

Geräusche: Diverse Audio-CDs zum Einsatz von Alltagsgeräuschen.

INFORMATIONEN ZUR GEBÄRDEN-SPRACHE

Die Gebärdensprache ist die eigentliche Sprache der Gehörlosen. Die Kommunikation findet gleichzeitig auf mehreren Ebenen statt:

a) Gebärden: Sie sind das eigentliche Vokabular der Gehörlosen.
b) Mimik: Sie entspricht der Grammatik und der Betonung.
c) Mit den Lippen wird das Wort in der Landessprache formuliert, um die Unterscheidung bei Gebärden mit mehreren Bedeutungen zu vereinfachen.

Die Gebärdensprache ist nicht international. Jedes Land hat seine eigenen Gebärden. Innerhalb der gleichen Sprache sind die Unterschiede zwar kleiner; immerhin betragen sie zwischen Österreich, Deutschland und der Schweiz etwa 30 bis 40 % der Gebärden. Am größten sind die Unterschiede zwischen Regionen mit kulturellen Unterschieden, also zum Beispiel zwischen amerikanischen und chinesischen Gebärden.

Einleitung

Die Gebärdensprache ist sehr vielfältig. Sie bezeichnet in ihrer Kombination oft ganze Wörter oder Bedeutungen. Es gibt sogar lokale Dialekte, und es gibt Gebärden, die sich laufend verändern, so wie sich auch unser Vokabular in der mündlichen und schriftlichen Kommunikation verändert. Dank digitaler Aufzeichnungen, dank Video und Internet geht die Tendenz allerdings hin zu einer internationalen Gebärdensprache.

Die Gebärdensprache kann im Rahmen dieses Lehrmittels nicht ernsthaft dargestellt werden. Damit würde man ihrer Komplexität und ihrer Faszination nicht gerecht. Für interessierte Kinder können Verweise auf Informationen im Internet (z.B. ein Online-Wörterbuch unter www.gebaerden.warum.net) sowie auf die regionalen Gehörlosenschulen eine Hilfe sein.

Teil 4 befasst sich mit dem Fingeralphabet. Dieses Hilfsmittel zum Buchstabieren ist nicht zu verwechseln mit der weitaus komplexeren Gebärdensprache. So wie in unserer mündlichen Sprache auch, kann manchmal nur Buchstabieren helfen, und dann spielt das Fingeralphabet auch für Menschen, die die Gebärdensprache beherrschen, eine Rolle. Bereits die Auseinandersetzung mit dem Fingeralphabet ist für Schülerinnen und Schüler durchaus anspruchsvoll.

Luat eienr Stduie der Cambrdige Unievrstiät speilt es kenie Rlloe, in welcehr Reiehnfogle die Buhcstbaen in eniem Wrot vorkmomen. Die eingzie whictige Sahce ist, dsas der ertse und der lettze Buhcstbaen stmimt. Der Rset knan in eienm völilgen Duchrienanedr sein und knan trtozedm prboelmols gelseen wreden. Das ist so, weil das menchsilche Ague nihct jeedn Buhcstbaen eizlenn liset. Ertsuanlcih, nihct?

KOHL VERLAG VON RAUCHZEICHEN ZU MAIL & SMS Die Geschichte der Nachrichtenübertragung von ganz früher bis heute – Bestell-Nr. 11 065

Arbeitspass

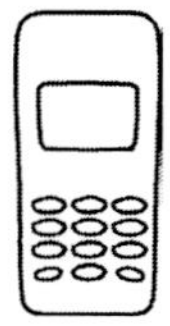

Nummer	Thema / Station	Anzahl Blätter		
1	Runenzeichen	2		
2	Zinken	2		
3	Morsezeichen	2		
4	Das Fingeralphabet	2		
5	Die Blindenschrift	2		
6	Akustische Signale	2		
7	Piktogramme	2		
8	Verkehrssignale	2		
9	Landkarten	2		
10	Bildzeichen	2		
11	Geheimschriften	2		
12	Körpersprache	4		
13	Tiersprachen	4		
14	Die Überwindung von Distanzen	4		
15	Papier und Druck	2		
16	Radio	2		
17	Telefon	2		
18	Briefe	2		
19	SMS und E-Mail	2		
20	Notizen, Zettelchen	2		
21	Andere Länder, andere Sprachen	2		
22	Cool oder uncool?	2		
23	Diskussion in der Gruppe	2		
24	Beschränkung auf das Wesentliche	2		
25	... und sonst noch?	2		

Quellenverzeichnis

Redaktion und Verlag haben sich bemüht, die Rechteinhaber zu eruieren und allfällige Abdruckrechte einzuholen. Sollten trotzdem Urheberrechte verletzt worden sein, wird der Verlag nach Anmeldung berechtigter Ansprüche diese im Rahmen der üblichen Vereinbarungen vergüten.

Einzelne Ideen stammen unter anderem aus folgenden Publikationen:

anderswie und anderswo, Lesebuch 5. Schuljahr, Lehrmittelverlag des Kantons Aargau, Buchs 2004
(Idee zwei Geheimschriften S. 31)

Fernsehen, Werkstatt 3./4. Schuljahr, elk verlag, Winterthur 2005
(Idee Lieblingssendung S. 47)

Kommunikation, AOL-Lernwerkstatt, AOL Verlag, Lichtenau 2002
(Idee unterschiedliche Briefe S. 59; Idee telefonische Mitteilung S. 63)

Text digital, Unterrichtsmaterialien für das Fach Deutsch, Informationszentrum Mobilfunk, Berlin 2004
(Idee Bildzeichen S. 29; Idee Handy-Display S. 52)

1 Runenzeichen

Zum Thema:

Wenn wir sprechen, dann verhallt der Lautklang rasch. Es bleiben davon nur die Bilder im Kopf übrig. Aus diesem Grund haben Menschen schon sehr früh begonnen, Informationen schriftlich festzuhalten.

Zunächst haben sie Bilder gezeichnet oder in die Wände der Höhlen geritzt. Später sind dann die ersten Schriftzeichen entstanden. Zum Beispiel kennt man die Hieroglyphen aus den Regionen in Mesopotamien und Ägypten. Es sind Bildzeichen. Da es noch kein Papier gab, wurden sie in Stein geritzt oder gemeißelt. Das war zwar umständlich und dauerte lange. Aber der Text hatte dafür über mehrere hundert Jahre Bestand.

Die Germanen entwickelten vor etwa 2000 Jahren eine eigene Schrift; man nennt diese Schriftzeichen Runen. Auch die Runen wurden zunächst in Stein gehauen, später in Holz geritzt. Das Wort Buchstabe stammt aus dieser Zeit, denn Runen wurden oft in Stäbe aus Buchenholz, also in Buchenstäbe geritzt.

Aufträge:

EA

1. Betrachte das Runenalphabet. Betrachte jedes Zeichen einzeln.
2. Wenn du unser S und das Runen-S vergleichst, siehst du einen wesentlichen Unterschied. Welchen? Überlege dir, warum das so sein könnte.
3. Schreibe deinen Namen in Runenschrift auf.
4. Lies den Text auf der nächsten Seite. Was bedeutet er? Schreibe die Lösung dazu.

Gruppenarbeit:

GA

Sucht Bilder und Texte von Hieroglyphen. Macht damit eine Ausstellung. Findet ihr auch etwas über Schriften in Japan oder China? Wie steht es mit der arabischen Schrift? Erfindet eine eigene Schmuck-Schrift.

KOHL VERLAG
VON RAUCHZEICHEN ZU MAIL & SMS
Die Geschichte der Nachrichtenübertragung von ganz früher bis heute – Bestell-Nr. 11 065

1 Runenzeichen

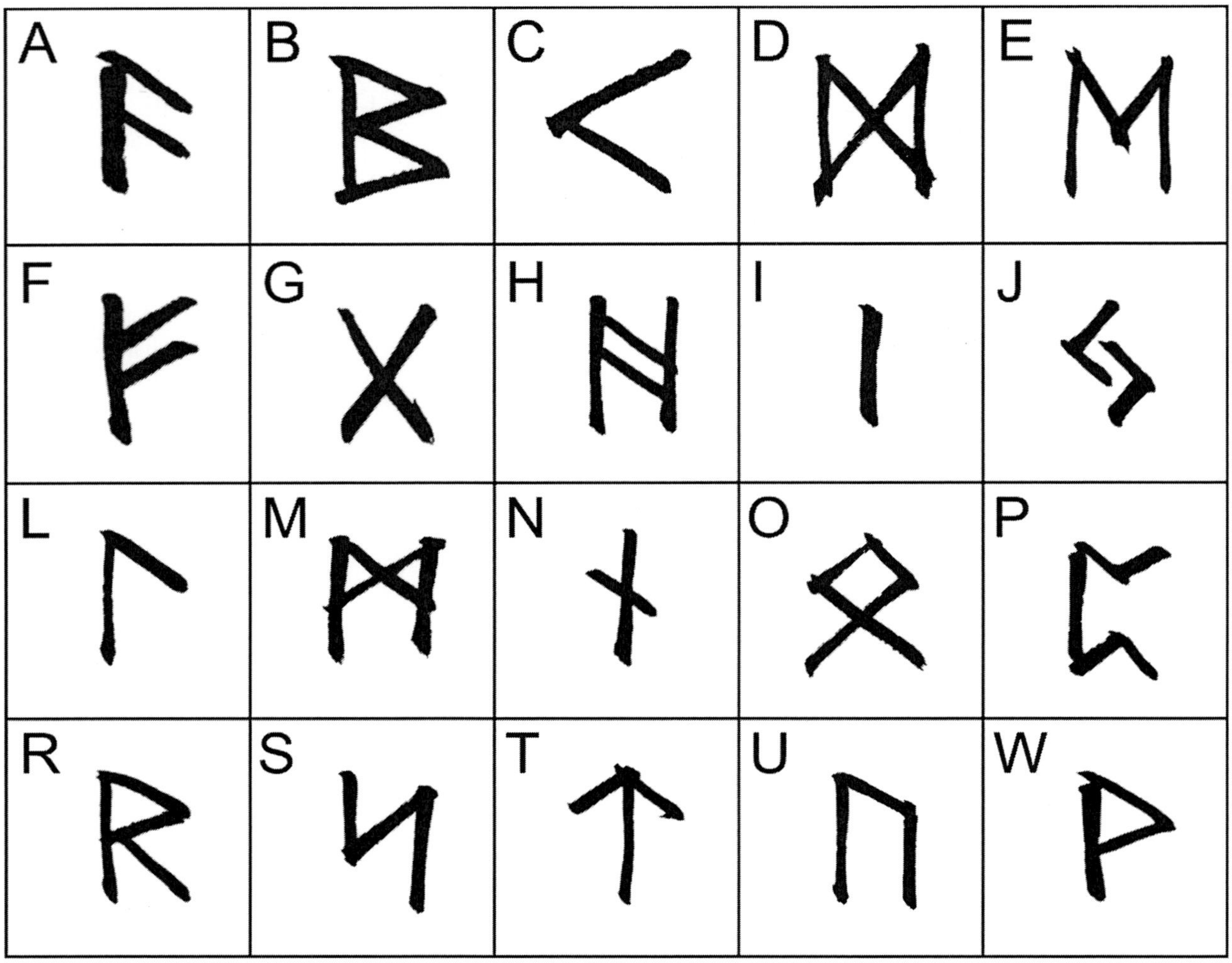

Die einzelnen Runen haben einen Namen, der immer etwas bedeutet und der mit dem entsprechenden Laut beginnt. So konnten sich die Schreibenden die Zeichen merken. Das U heißt zum Beispiel Ur (=Auerochse), das R heißt Ritt, das S heißt Sonne und das M Mensch. Den Unterschied zwischen F und V kannten die Germanen nicht; es gibt für beide Laute nur ein Zeichen; das gleiche gilt für C und K.

Mein Name: ____

Was heißt das? 

____

VON RAUCHZEICHEN ZU MAIL & SMS
Die Geschichte der Nachrichtenübertragung von ganz früher bis heute – Bestell-Nr. 11 065
KOHL VERLAG

2 Zinken

Zum Thema:

Das Wort „Zinken“ kommt aus der alten Gauner- und Bettlersprache; es bedeutet Zeichen. Die Zinken sind eigentlich eine Geheimschrift. Die Zeichensprache diente der Verständigung unter Dieben („Gaunerzinken“) und unter Bettlern („Bettlerzinken“). Man übermittelte den Kumpanen damit Nachrichten und Warnungen, aber auch Hinweise über Eigenheiten der Hausbewohner und über die Gastfreundschaft.

Die Zinken wurden an Hauswände gezeichnet oder in Türrahmen geritzt, allerdings möglichst unauffällig, sodass die Hausbewohner nichts davon bemerkten.

Aufträge:

EA

1. Schau dir die zwölf Beispiele genau an. Sie sind alle so angelegt, dass man sie mit wenigen Strichen rasch zeichnen kann.
2. Heute wären einige der Angaben kaum mehr brauchbar. Überlege dir mindestens drei neue Zeichen, die in die moderne Zeit passen würden. Denke zum Beispiel an Alarmanlagen, an Bewegungsmelder, an Garagen, an Lifttüren, an Nachtwächter ...

   <u>Bedingungen</u>:

   - Das Zeichen muss einfach zu zeichnen sein, das heißt, es darf nur aus wenigen Strichen bestehen.
   - Es muss eindeutig sein, das heißt, man kann es nicht verwechseln.
3. Fertige deine eigene Zeichenliste an. Benutze dabei Informationen, die du für wichtig hältst.

VON RAUCHZEICHEN ZU MAIL & SMS
Die Geschichte der Nachrichtenübertragung von ganz früher bis heute – Bestell-Nr. 11 065
KOHL VERLAG

2 Zinken

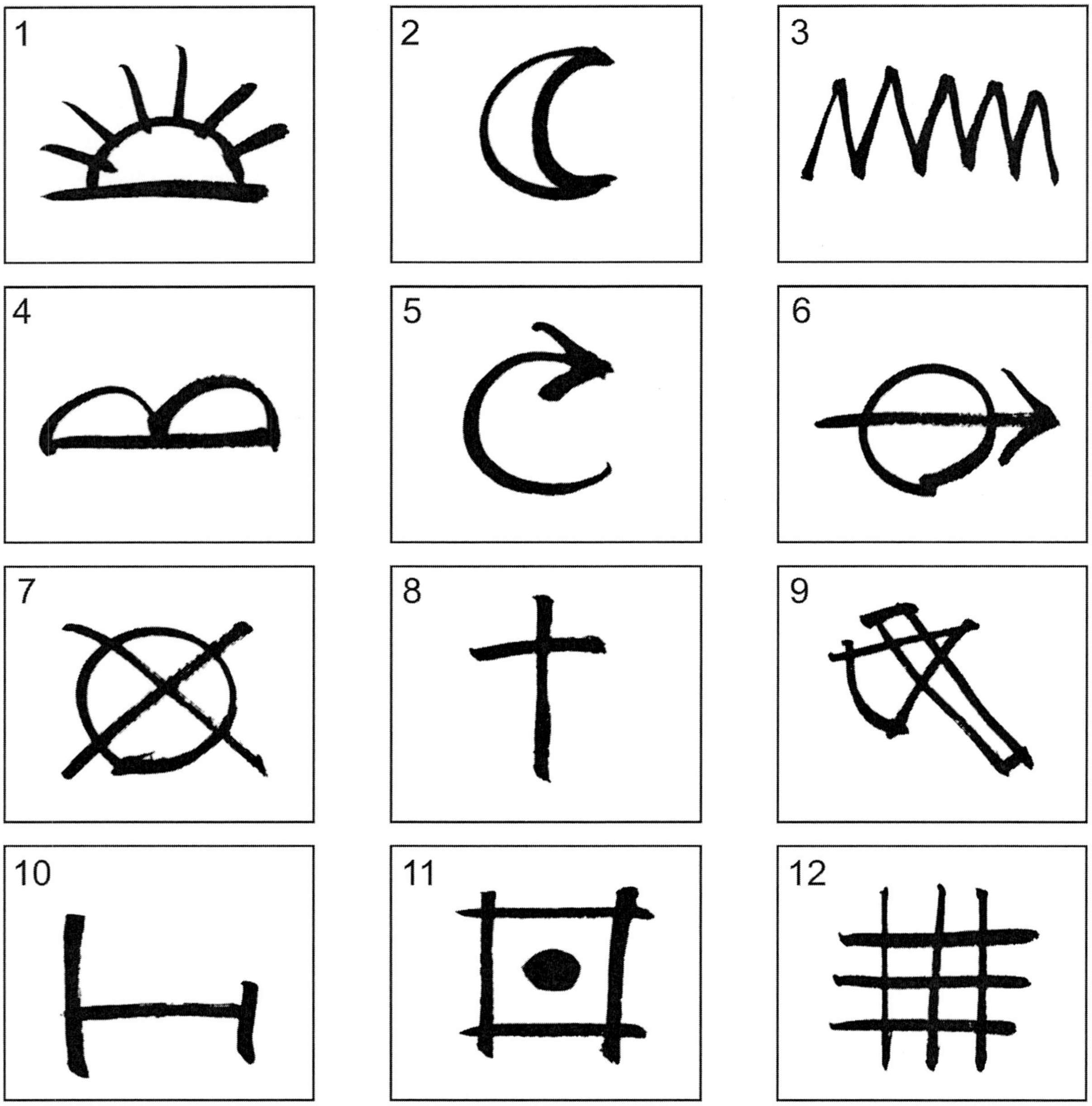

1. Am Morgen kommen!
2. Am Abend kommen!
3. Achtung bissiger Hund!
4. Es sind nur Frauen im Haus.
5. Diebstahl günstig.
6. Hau ab!
7. Hier gibt es etwas zu essen.
8. Fromm tun.
9. Hier muss man arbeiten.
10. Hier kann man schlafen.
11. Achtung, hier gibt es Prügel!
12. Gefahr! Polizei!

VON RAUCHZEICHEN ZU MAIL & SMS
Die Geschichte der Nachrichtenübertragung von ganz früher bis heute – Bestell-Nr. 11 065
KOHL VERLAG

3 Morsezeichen

Zum Thema:

Das Morse-Alphabet ist eine international bekannte Zeichensprache. Es wurde vom amerikanischen Maler und Erfinder Samuel Morse im Jahre 1838 entwickelt. Ausgehend von einem Taster werden kurze oder lange Stromstöße über eine Drahtleitung zum Empfänger gesendet. Beim Empfänger bewegen diese kurzen oder langen Stromstöße jeweils einen Magneten. Dieser Magnet ist mit einem Schreiber verbunden, der die kurzen Signale als Punkte und die langen als Striche aufzeichnet.

Das Morsealphabet hat verschiedene Vorteile: Morsen kann man nicht nur elektromagnetisch, sondern über kurze Distanzen auch ...
- ... optisch (wahrnehmbar übers Auge)
- ... akustisch (wahrnehmbar übers Gehör)
- ... taktil (wahrnehmbar über die Haut).

➔ Du kannst dich im Dunkeln mit jemandem verständigen, ohne zu sprechen: Zwei Taschenlampen genügen ...

➔ Vom Keller aus kannst du eine Nachricht in den ersten Stock schicken: Klopfe an die Heizungsröhren ...

➔ Du kannst jemandem auch eine Nachricht auf den Rücken „diktieren“, ganz ohne Laute und mit geschlossenen Augen ... .

Aufträge:

PA

1. Lies das Morsealphabet. Schneide es aus.
2. Schreibe selber ein Wort oder einen kurzen Text im Morsecode. Lass den Code von einem Partner oder einer Partnerin entschlüsseln.
3. Morst euch im Freien gegenseitig kurze Botschaften zu, zunächst akustisch (klopfen, pfeifen, klingeln ...). Zu Beginn muss man jeden Buchstaben aufschreiben, sobald man ihn erkannt hat. Versucht es auch optisch (winken, zwei Fähnchen, Taschenlampen ...) und taktil.

VON RAUCHZEICHEN ZU MAIL & SMS
Die Geschichte der Nachrichtenübertragung von ganz früher bis heute – Bestell-Nr. 11 065
KOHL VERLAG

3 Morsezeichen

Wenn man das Morsealphabet aufschreibt, zeichnet man entweder Punkte oder Striche. Um sich den Code der einzelnen Buchstaben merken zu können, gibt es eine Liste mit Kennwörtern. Jedes Kennwort hat den richtigen Anfangsbuchstaben, z.B. hat der Buchstabe W das Kennwort Windmotor. Jede Silbe, die ein o enthält, wird lang, also als Strich aufgezeichnet, jede Silbe die kein o enthält, kurz, also als Punkt. W wie Windmotor bekommt also die Zeichen .-- .

Buchstabe	Code	Kennwort	Buchstabe	Code	Kennwort
a	.-	Ar-nold	n	-.	No-tar
b	-...	Bo-na-par-te	o	---	O-vo-sport
c	-.-.	Con-di-to-rei	p	.--.	Phi-lo-so-phie
d	-..	Don-ners-tag	q	--.-	Quo-quo-ri-quo
e	.	Ei	r	.-.	Re-vol-ver
f	..-.	Fen-ster-bo-gen	s	...	Sä-bel-griff
g	--.	Gross-on-kel	t	-	Ton
h	....	Hüh-ner-au-ge	u	..-	U-ni-form
i	..	I-gel	v	...-	Ven-ti-la-tor
j	.---	Jagd-mo-tor-boot	w	.--	Wind-mo-tor
k	-.-	Kom-man-do	x	-..-	Xot-tes-mit-Brot
l	.-..	Li-mo-na-de	y	-.--	Yo-ga-Mot-to
m	--	Mo-tor	z	--..	Zor-ro-Man-tel

Die Zahlen sind symmetrisch aufgebaut.

1 .----   2 ..---   3 ...--   4 ....-   5 .....
6 -....   7 --...   8 ---..   9 ----.   0 -----

TIPP: Wichtig ist, dass man beim Morsen lange Pausen zwischen den Buchstaben macht; nur so kann der Empfänger oder die Empfängerin die Portionen richtig erkennen.

4 Das Fingeralphabet

Zum Thema:

Zu Beginn des 17. Jahrhunderts haben zwei Spanier ein Alphabet entwickelt, das man mit einer Hand anzeigen kann. Es wurde schon früh zur Kommunikation mit gehörlosen Menschen eingesetzt. (Es ist nicht zu verwechseln mit der modernen Gebärdensprache, bei der man mit beiden Händen sowie mit der Formung des Mundes arbeitet.) Das Fingeralphabet nennt man auch „einhändiges Alphabet“.

Aufträge:

PA

1. Schaut euch die Zeichnungen des Fingeralphabets genau an. Nehmt euch Zeit und stellt jeden Buchstaben mehrmals mit eurer Hand dar.

2. Entziffert folgenden Text:

____

____

3. Überlegt euch ein einfaches Wort. Stellt dieses Wort, Buchstabe für Buchstabe, dar. Wenn es klappt, dann zeigt es eurem Partner oder eurer Partnerin. Findet er oder sie die Lösung heraus? Benutzt dazu das Fingeralphabet zur Kontrolle.

4. Sucht ein Fernsehprogramm, bei dem die Texte in die Gebärdensprache übersetzt werden. Wenn man genau beobachtet, kann man sehen, dass die Gebärdensprache noch weit komplizierter ist als das Fingeralphabet. (Das Fingeralphabet wird vor allem zum Buchstabieren verwendet.)

KOHL VERLAG
VON RAUCHZEICHEN ZU MAIL & SMS
Die Geschichte der Nachrichtenübertragung von ganz früher bis heute – Bestell-Nr. 11 065

4 Das Fingeralphabet

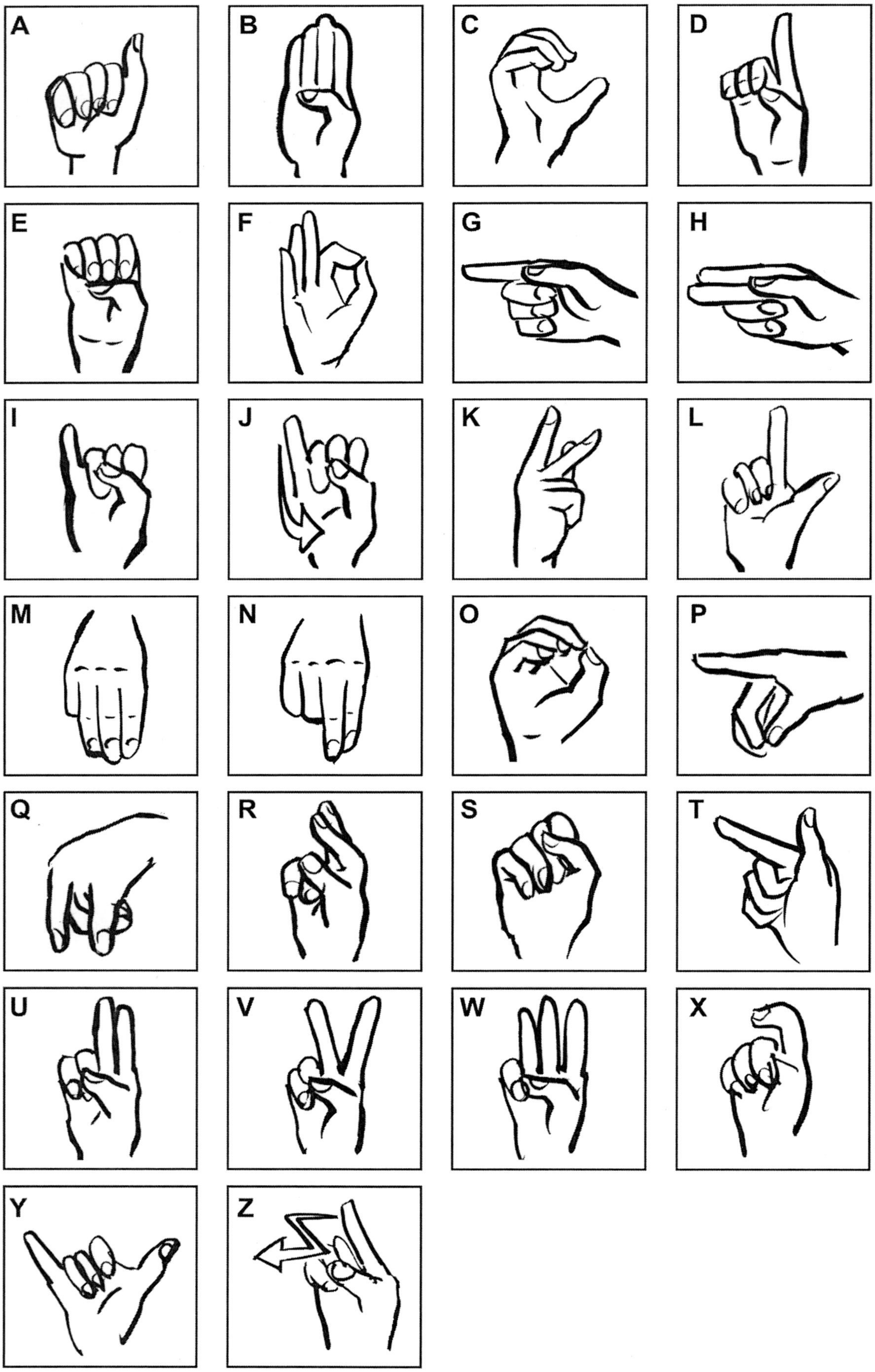

5 Die Blindenschrift

Zum Thema:

Im Jahre 1825 erfand der Franzose Louis Braille ein Schriftsystem für Blinde, mit dem man das ganze Alphabet und die Satzzeichen so darstellt, dass man sie ertasten kann. Dieses Schriftsystem nennt man darum auch Braille-Schrift. Die Grundform besteht aus sechs Punkten; je nach Buchstabe sind Anzahl und Anordnung unterschiedlich.
Anhand des Abstandes zwischen den Punkten kann man beim Lesen erkennen, welche Punkte als Gruppe zusammen einen Buchstaben bilden. Man ertastet die Punkte mit den Fingerkuppen der Zeigefinger. Beide Hände werden von links nach rechts geführt; die rechte Hand liest jeweils die obere Zeile zu Ende, während die linke Hand bereits über den Anfang der neuen Zeile tastet.

Aufträge:

EA

1. Schau dir die Zeichnungen des Braille-Alphabets genau an.

2. In einem Text in Blindenschrift sind die einzelnen Zeichen jeweils nur etwa 6 bis 7 mm hoch und 4 bis 5 mm breit.

   Das sieht dann ungefähr so aus – kannst du den folgenden Text entziffern?

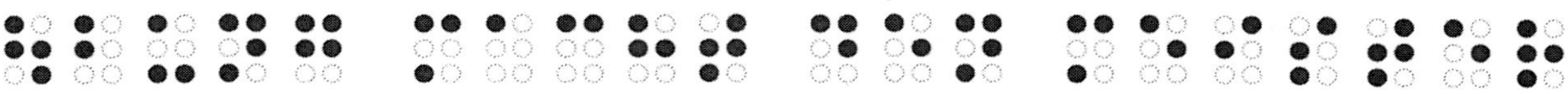

---

3. Klebe das Blatt mit der Textseite nach außen ans Fenster. Male mit spitzem Stift die vollen Punkte von der Rückseite her kräftig aus. Lege das Blatt wieder auf den Tisch. Jetzt kannst du die Punkte ertasten.

4. Im täglichen Leben gibt es viele Hindernisse, denen Blinde begegnen. Blinde sind dann auf Kommunikation angewiesen: Achte in den nächsten Tagen speziell darauf (Beispiele: Geldnoten, Münzen, Bahnhöfe). Protokolliere in einer Tabelle, was dir auffällt, und berichte darüber.

Auffälliges	Schwierigkeit
...	...

VON RAUCHZEICHEN ZU MAIL & SMS
Die Geschichte der Nachrichtenübertragung von ganz früher bis heute – Bestell-Nr. 11 065
KOHL VERLAG

5 Die Blindenschrift

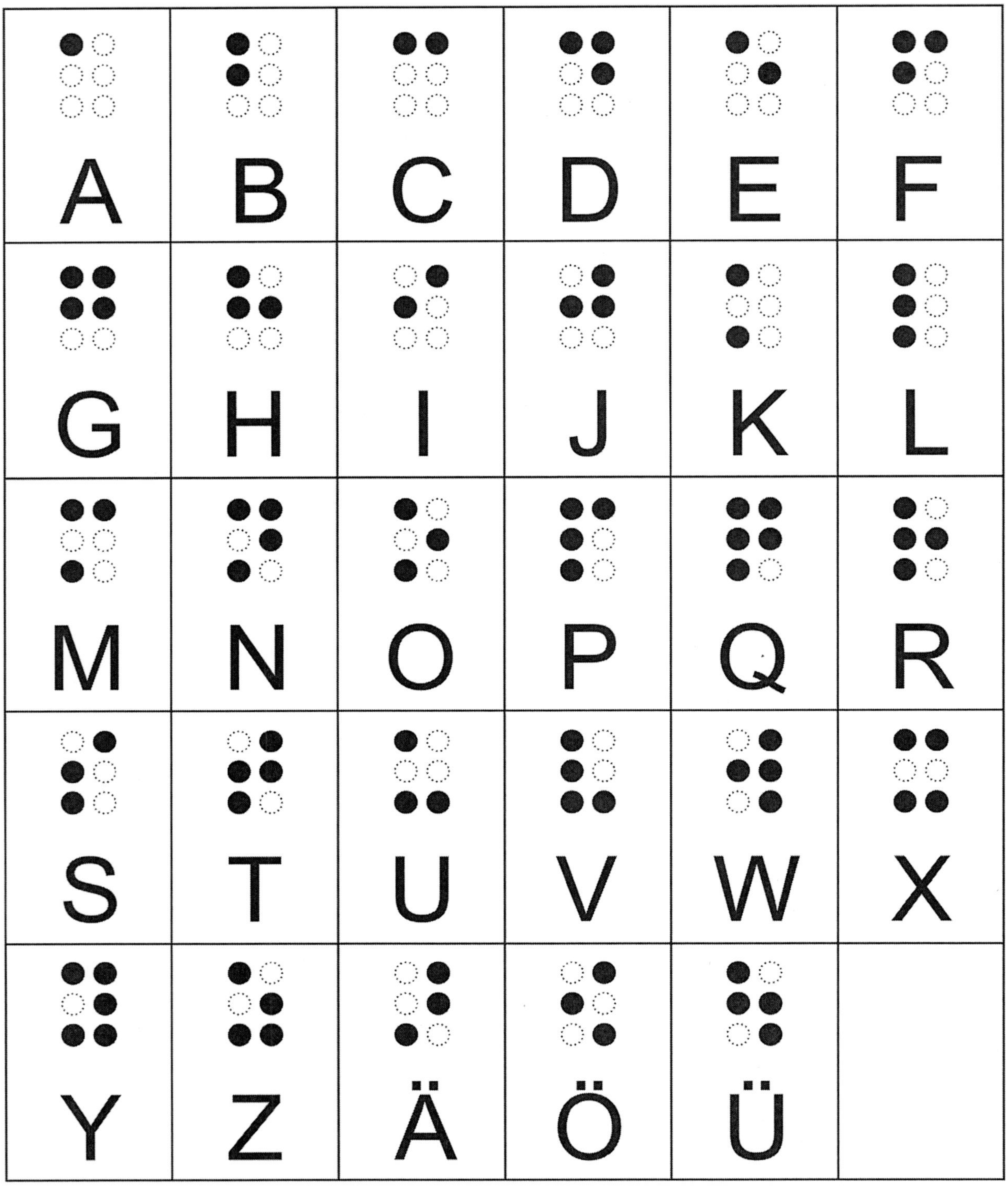

KOHL VERLAG
VON RAUCHZEICHEN ZU MAIL & SMS
Die Geschichte der Nachrichtenübertragung von ganz früher bis heute – Bestell-Nr. 11 065

6 Akustische Signale

Zum Thema:

Akustische Signale sind Töne. Wir nehmen sie übers Ohr wahr; ihre Bedeutung ist für uns meist selbstverständlich. Es gibt natürliche und künstliche Töne, die uns etwas mitteilen. Manchmal sind akustische Signale Warntöne.

Aufträge:

EA

1. Betrachte die Bilder und lies die Texte.
2. Schneide die Bilder aus und lege sie auf ein leeres A3-Blatt. Schreibe den Titel „Akustische Signale".
3. Mögliche Erklärungen zu den Bildern sind unten aufgelistet. Was gehört wohin? Ordne auf dem DIN-A3-Blatt zu.

a) Es steht jemand vor der Türe und möchte rein.
b) Ein Gewitter ist im Anzug.
c) Ich lasse dich nicht rein; ich beiße zu!
d) Achtung! Es kommt ein Zug!
e) Sturmwind: Schnell ab ins Haus!
f) Früh morgens: Ein neuer Tag beginnt.
g) Ein Anlass in der Kirche: Messe, Trauerfeier ...
h) Bitte Vorsicht, es gibt auch Radfahrer!
i) Warnsignal eines Autos: Hast du mich gesehen?
j) Es ist höchste Zeit zum Aufstehen.
k) Alle herhören: Es folgt eine wichtige Mitteilung.
l) Vorsicht, Notfall!
m) SMS

4. Wenn du mit der Erklärung auf dem DIN-A3-Blatt nicht ganz zufrieden bist, das heißt, wenn du dieses Signal in einem anderen Zusammenhang kennst, kannst du auch eine eigene Erklärung dazu schreiben oder sie mit einem eigenen Text ergänzen.
5. Mach das so mit allen Bildern. Wenn dir noch weitere Ideen kommen, ergänze dein Plakat mit eigenen Zeichnungen und Texten.

VON RAUCHZEICHEN ZU MAIL & SMS
Die Geschichte der Nachrichtenübertragung von ganz früher bis heute – Bestell-Nr. 11 065
KOHL VERLAG

6 Akustische Signale

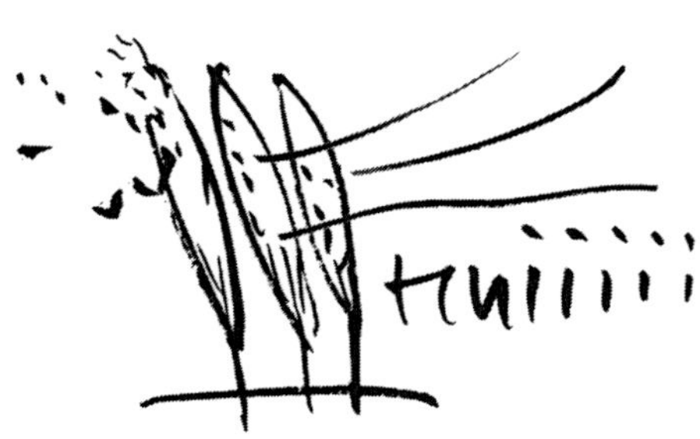

VON RAUCHZEICHEN ZU MAIL & SMS
Die Geschichte der Nachrichtenübertragung von ganz früher bis heute – Bestell-Nr. 11 065
KOHL VERLAG

7 Piktogramme

Zum Thema: Es gibt viele Bereiche unseres Lebens, in denen wir uns an Piktogrammen orientieren. Zum Beispiel in Bahnhöfen.

Aufträge:

PA

1. Besprecht zu zweit, was die Piktogramme bedeuten und wie die exakten Bezeichnungen heißen. Wenn ihr nicht sicher seid, kann euch die Liste im Kästchen helfen.

Abfall
Fluchtweg
Hunde verboten
Information
für Behinderte
Parkhaus
Rauchen verboten
Rolltreppe
Schließfach
Selbstkontrolle
Treffpunkt
WC Damen/Herren

2. Schreibt die richtigen Bezeichnungen zu den Piktogrammen.

3. Sammelt weitere Piktogramme aus dem Bereich Bahnhof. Zeichnet sie ab oder schneidet sie aus Fahrplänen und Prospekten aus.

4. Piktogramme haben Vorteile. Diskutiert und schreibt auf.

5. Es gibt viele andere Bereiche, in denen wir weitere Piktogramme brauchen:

   - Fahnen und Wappen (z.B. Länder, Städte, Familien ...)
   - Sicherheitsregeln (z.B. Schwimmbad, Chemikalien ...)
   - Kleider (z.B. Waschanleitungen, Bügeln ...)
   - Lebensmittel (z.B. Fisch und Fleisch, Bioprodukte ...)
   - Schulbücher (z.B. Kapitel, Anweisungen ...)
   - Computer (z.B. Symbolleisten, Navigation im Internet ...)

   Blättert in Büchern und Broschüren, schaut auf dem Schulweg und zu Hause, sucht in Zeitungen und Zeitschriften.

6. Entscheidet euch für einen Bereich. Sammelt zu diesem Bereich Piktogramme und macht eine Zusammenstellung.

VON RAUCHZEICHEN ZU MAIL & SMS
Die Geschichte der Nachrichtenübertragung von ganz früher bis heute – Bestell-Nr. 11 065
KOHL VERLAG

7 Piktogramme

KOHL VERLAG
VON RAUCHZEICHEN ZU MAIL & SMS
Die Geschichte der Nachrichtenübertragung von ganz früher bis heute – Bestell-Nr. 11 065

8 Verkehrssignale

Zum Thema:

Im modernen Straßenverkehr orientieren sich alle an vereinbarten Zeichen, an Ampeln und Markierungen. Ohne diese Zeichen hätten wir ein Chaos!

Aufträge:

PA

1. Besprecht, was die Verkehrssignale bedeuten und wie die exakten Bezeichnungen heißen.

2. Schreibt die richtigen Bezeichnungen dazu. Kontrolliert euch gegenseitig.

3. Zeichnet in die leeren Felder Verkehrszeichen, denen ihr täglich begegnet, und schreibt die Bezeichnung dazu.

4. Die Verkehrszeichen teilt man auf in

   - Vorschriftsignale (z.B. Schlitten fahren verboten)
   - Vortrittsignale (z.B. Hauptstraße)
   - Gefahrensignale (z.B. Linkskurve)
   - Hinweissignale (z.B. Zeltplatz)
   - Markierungen (z.B. Radstreifen)

   Entscheidet euch für eine Gruppe und sammelt alle Zeichen dieser Gruppe. Erstellt ein entsprechendes Plakat mit Bildern (gemalt oder ausgedruckt) und genauen Beschriftungen.

5. Verkehrszeichen sind international, das heißt, sie bedeuten in allen Sprachen das Gleiche. Es gibt aber auch da und dort Spezialitäten.
   Entwerft neue Zeichen, die es nur in eurer Fantasie gibt. Zum Beispiel „Achtung Nashorn von rechts!“ oder „Verbot für fliegende Untertassen“ oder „Parkplatz nur für Trottinetts“ oder ...

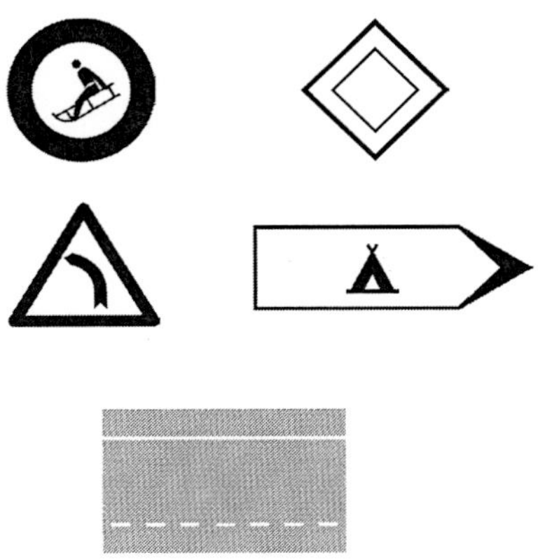

8 Verkehrssignale

9 Landkarten

Zum Thema:

Es gibt unterschiedliche Karten: Der Häuserplan einer Gemeinde sieht ganz anders aus als eine Wanderkarte, und der Gebäudeplan einer Architektin schaut einer Straßenkarte nicht gerade ähnlich. Dennoch haben alle etwas gemeinsam: Karten sind eine Fundgrube für Zeichen. Es sind so viele Informationen festgehalten, dass man dafür einen Entschlüsselungscode braucht: Diesen Code nennt man Legende.

Aufträge:

1. Sucht verschiedene Karten und hängt sie auf. Diskutiert miteinander die Unterschiede.

2. Betrachtet den Kartenausschnitt auf dem Informationsblatt. Sucht ...

- den Bahnhof
- die beiden Kapellen
- die Sesselbahn
- die Kiesgrube
- den Sportplatz
- den Zeltplatz.

Malt die Objekte aus. Benutzt die gleichen Farben für Karte und Legende.

3. Beantwortet folgende Fragen in vollständigen Sätzen:

a) Wie viele Gasthöfe gibt es in der Nähe des Bahnhofes?
b) Welchen Weg muss man nehmen, wenn man mit dem Fahrrad von der Sesselbahn zum Sportplatz will? Zeichnet die Route, wo möglich, farbig ein.
c) Kann man auf dem Zeltplatz ruhig schlafen? Begründet.

4. Plant eine Wanderung anhand einer Wanderkarte. Stellt euch den Weg, den ihr gehen wollt, möglichst exakt im Kopf vor. Die Karte liefert euch dazu die Informationen. Diskutiert, was euch unterwegs erwartet.

9 Landkarten

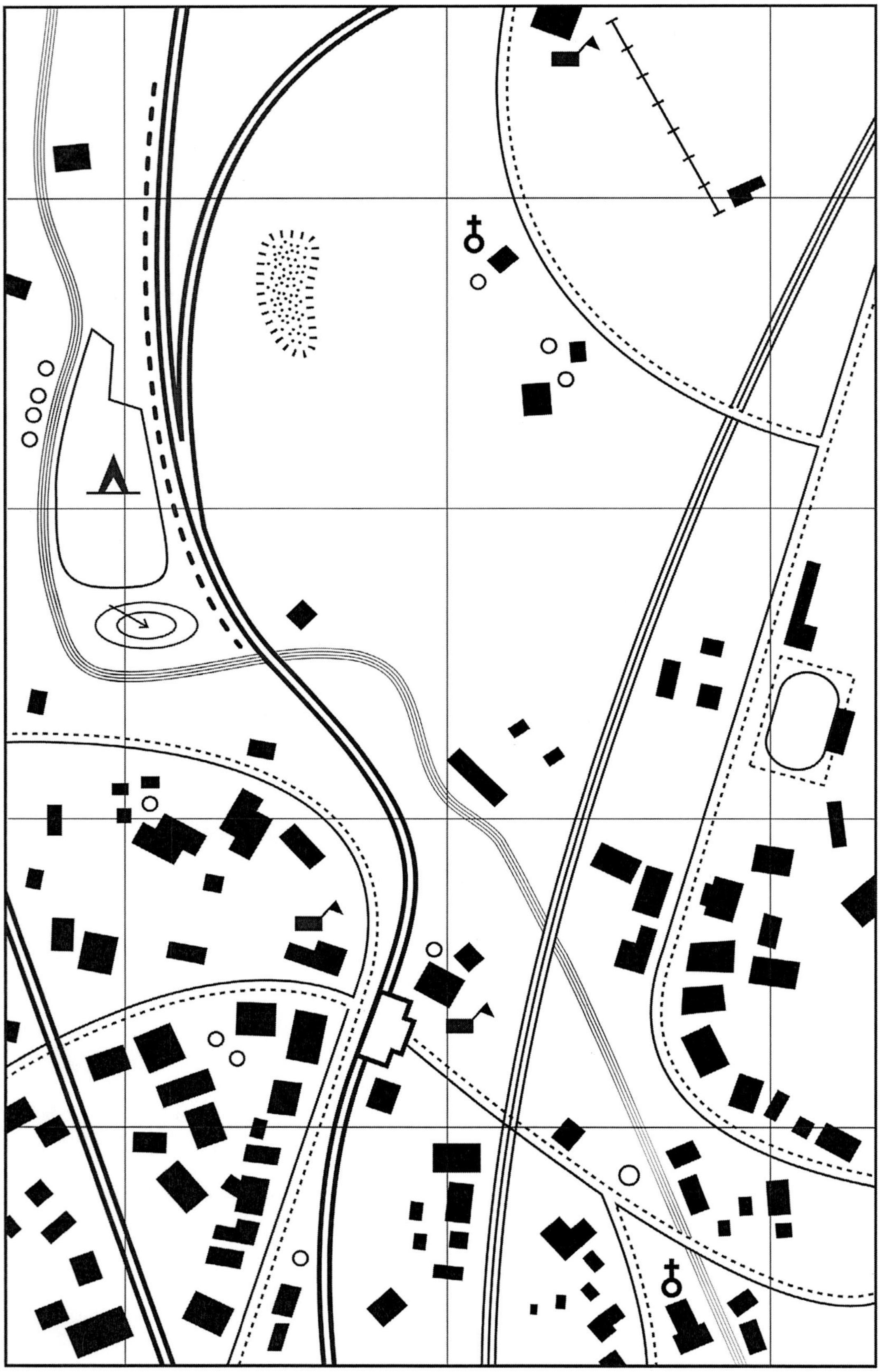

Autobahn	Eisenbahn	Kiesgrube	Gasthof	Zeltplatz
Strasse	Sesselbahn	Fluss	Kapelle	Hecke
Bahnhof	Senke	Haus	Sportplatz	Einzelbaum

VON RAUCHZEICHEN ZU MAIL & SMS
Die Geschichte der Nachrichtenübertragung von ganz früher bis heute – Bestell-Nr. 11 065
KOHL VERLAG

10 Bildzeichen

Zum Thema:

Bildzeichen können einen Text auflockern und ihn witziger machen.

Aufträge:

EA

1. Lies den kurzen Text mit dem Titel „Versöhnung". Die Zeichen braucht man nicht zu erklären; sie sind „selbsterklärend". Schreibe den ganzen Text vollständig auf.

2. Erfinde eine Geschichte, die hin und wieder Bildzeichen enthält. Mach beim Schreiben einen großen Abstand zwischen den Zeilen, damit du auch Platz für die Bildzeichen hast. Achte darauf, dass die Bildzeichen so gesetzt werden, dass jemand anderer den Text auch verstehen kann. Mache am Schluss die Kontrolle, indem du den Text jemandem zum Lesen gibst.

   Folgende Zeichen können dir dabei helfen.
   Ergänze sie auch durch eigene Ideen.

könnte heißen: *zum Glück*

könnte heißen: *schnell*

könnte heißen: *langsam*

könnte heißen: *zu Fuß*

VON RAUCHZEICHEN ZU MAIL & SMS
Die Geschichte der Nachrichtenübertragung von ganz früher bis heute – Bestell-Nr. 11 065
KOHL VERLAG

Versöhnung

Gestern Abend kam ich leider nicht pünktlich nach  . Da gab es ein heftiges  !

Heute Mittag habe ich nun meiner Mutter einen  mitgebracht. Sie hatte große Freude. Ich bin froh, dass wir beide wieder  können.

Schreibe den ganzen Text hier auf:

VON RAUCHZEICHEN ZU MAIL & SMS
Die Geschichte der Nachrichtenübertragung von ganz früher bis heute – Bestell-Nr. 11 065
KOHL VERLAG

11 Geheimschriften

Zum Thema:

Geheimbotschaften sind wie ein Türschloss: Ohne Schlüssel kommt man nicht hinein.

Seit Urzeiten versuchen die Menschen immer wieder, neue Geheimschriften zu erfinden: Wie kann man eine wichtige Nachricht so verschlüsseln, dass sie nur Eingeweihte lesen können? Manchmal werden Geheimschriften im Krieg verwendet, manchmal unter Spionen, manchmal unter Klassenkameraden. Auch bei den elektronischen Daten braucht es geheime Codes, zum Beispiel bei Kreditkarten.

Eine der besten Geheimschriften ist die Polybius-Tafel, die der griechische Schriftsteller Polybius vor mehr als zweitausend Jahren erfunden hat. Ein anderes Beispiel ist die Freimaurer-Schrift.

Aufträge:

PA

1. Stelle ein Kärtchen mit dem Code der Polybius-Schrift her. Schreibe anschließend zur Übung folgenden Satz in dein Heft/in deinen Ordner.

   Nur wer den Code kennt, kann das lesen.

2. Entschlüssele nun diesen Satz:

   45 33 14 14 11 43 43 34 31 31 43 13 23 52 24 15 42 24 22 43 15 24 33 ?

   ____

   ____

3. Stelle auch ein Kärtchen mit dem Code der Freimaurer-Schrift her. Schreibe anschließend zur Übung ebenfalls den Satz: *Nur wer den Code kennt, kann das lesen.*

4. Entschlüssele auch diesen Satz:

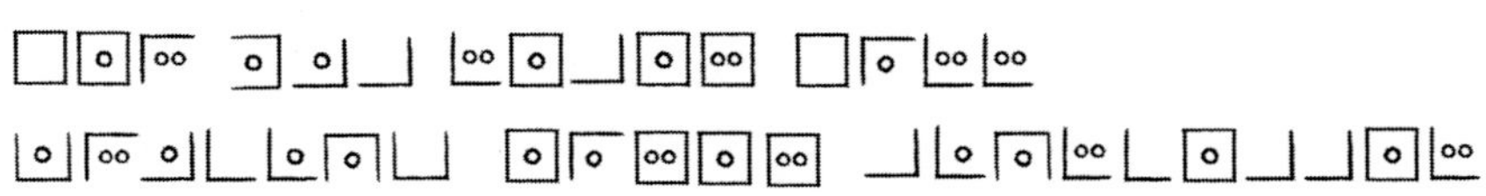

   ____

   ____

5. Kennst du weitere Geheimschriften? Stelle sie einem Partner oder einer Partnerin vor. Kommuniziert so untereinander.

VON RAUCHZEICHEN ZU MAIL & SMS
Die Geschichte der Nachrichtenübertragung von ganz früher bis heute – Bestell-Nr. 11 065
KOHL VERLAG

11 Geheimschriften

Die Polybius-Tafel

Zeichne auf einem Papier mit Lineal ein Quadrat mit einer Kantenlänge von etwa 5 cm. Unterteile das Quadrat in 5 Spalten und 5 Zeilen, also in 25 Felder. Schreibe die Großbuchstaben des Alphabets der Reihe nach in die Kästchen; I und J sind zusammen in einem Feld.

Nummeriere nun sowohl die Spalten als auch die Zeilen von 1 bis 5. So bekommt jeder Buchstabe sein Zahlenpaar.

Der Buchstabe D zum Beispiel hat vor seiner Zeile die Ziffer 1 und über seiner Spalte die Ziffer 4; er erhält also die Zahl 14. P zum Beispiel wird zu 35.

	1	2	3	4	5
1	A	B	C	D	E
2	F	G	H	I/J	K
3	L	M	N	O	P
4	Q	R	S	T	U
5	V	W	X	Y	Z

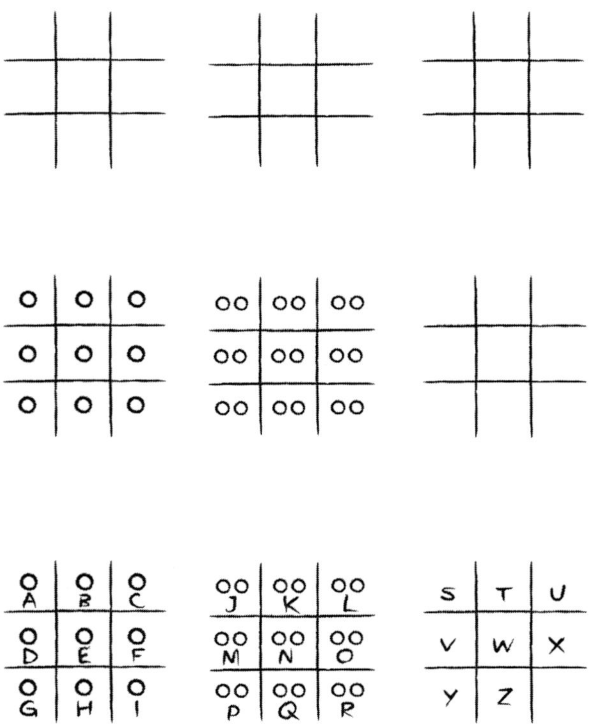

Die Freimaurer-Schrift

Zeichne mit vier Linien ein Gitter, das aus neun Feldern besteht. Du brauchst insgesamt drei solche Gitter nebeneinander.

Die Felder des ersten Gitters bekommen alle einen Punkt, die des zweiten Gitters zwei Punkte. Die Felder im dritten Gitter bleiben leer.

Nun trägst du das ganze Alphabet ein, links beginnend. Jeder Buchstabe hat nun einen bestimmten Rahmen, einige mit und andere ohne Punkte. Der Buchstabe O zum Beispiel sieht so aus , der Buchstabe S so .

12 Körpersprache

Zum Thema:

Manchmal sprechen wir nicht mit dem Mund, sondern mit dem Körper. Das heißt, unser Gegenüber kann aus unserem Gesicht oder aus unserer Körperhaltung lesen. Man nennt das Mimik (Gesichtsausdruck) und Gestik (Körperhaltung).
Wenn wir lächeln, versteht man das auf der ganzen Welt als positives Signal. Aber nicht überall bedeuten Mimik und Gestik das Gleiche wie bei uns. Manchmal verraten wir auch etwas, das wir eigentlich gar nicht preisgeben möchten.

Aufträge:

PA

1. Betrachte die Beispiele von Mimik und Gestik auf den Informationsblättern 12a, 12b und 12c. Lies die Texte und schlage unbekannte Wörter im Lexikon nach. Trage auf der Weltkarte die Regionen mit den jeweiligen Buchstaben ein.

2. Beobachte jemanden, während er etwas erzählt. Notiere Bewegungen und Gesichtsausdruck.

3. Diese acht kurzen Sätze sind Aussagen, die man mit seiner Körperhaltung ausdrücken kann, unterstützt von den Händen und dem Gesicht:

   - *Es hat gut geschmeckt.*
   - *Komm einmal zu mir!*
   - *Ich habe keine Lust.*
   - *Ich bin müde.*
   - *Das verstehe ich nicht.*
   - *Das weiß ich nicht.*
   - *Auf Wiedersehen.*
   - *Warum gerade ich?*

   Wähle eine Aussage aus. Dein Partner oder deine Partnerin muss herausfinden, welche du meinst.
   Anschließend wechselt ihr die Rollen. Beobachtet euch genau: Schaut auf Augen, Stirn, Körperhaltung und Hände.

KOHL VERLAG
VON RAUCHZEICHEN ZU MAIL & SMS
Die Geschichte der Nachrichtenübertragung von ganz früher bis heute – Bestell-Nr. 11 065

12 Körpersprache

A

Daumen nach oben

Diese Geste bedeutet: „In Ordnung“, „okay“ oder einfach „gut“. Man weiß von den Römern, dass sie dieses Zeichen bereits benutzen; es ist also mindestens 2000 Jahre alt.

B

Daumen nach unten

Dieses Zeichen bedeutet: „nein“, „schlecht“.

C

Zeigefinger an der Stirne

Mit diesem Zeichen wollen wir sagen, dass jemand nicht ganz bei Trost ist. Mit dem Drehen des Zeigefingers gegen das Gehirn deutet man an, dass dort eine Schraube locker sitzt, die man anziehen sollte.

D

Betende Hände

Das Symbol der betenden Hände heißt bei uns: „Bitte, bitte, ich flehe dich an.“ In Indien und Südostasien bedeutet es: „Ich begrüße dich.“

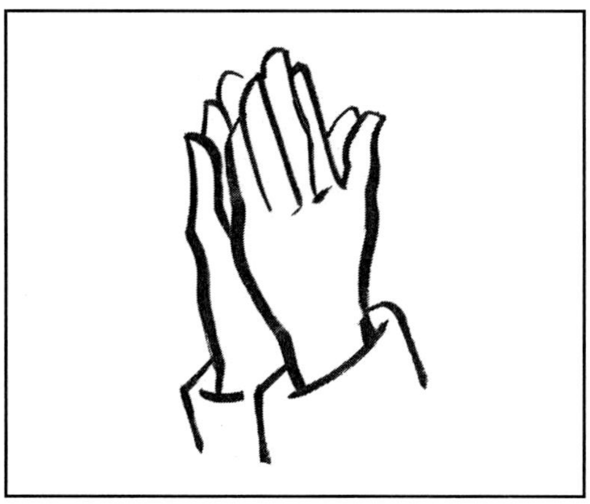

KOHL VERLAG
VON RAUCHZEICHEN ZU MAIL & SMS
Die Geschichte der Nachrichtenübertragung von ganz früher bis heute – Bestell-Nr. 11 065

12 Körpersprache

E

Zeigefinger unterhalb des Auges

Dieses Zeichen bedeutet in arabischen Ländern Dummheit: „Du bist ein Narr“.

F

Kreis aus Daumen und Zeigefinger

Der Kreis ist die vollkommenste geometrische Form. Dieses Zeichen bedeutet darum: „In Ordnung“, „okay“ oder „sehr gut“.

G

Daumen mit gespreizter Hand an der Nase

Diese Geste ist auf der ganzen Welt verbreitet; bei uns kennt man sie unter dem Namen „eine lange Nase machen“. Es ist ein Zeichen von Spott.

H

Winken mit der offenen Handfläche

Diese Handbewegung kann beides bedeuten: Begrüßung oder Abschied, also „Hallo“ oder „Auf Wiedersehen“.

VON RAUCHZEICHEN ZU MAIL & SMS
Die Geschichte der Nachrichtenübertragung von ganz früher bis heute – Bestell-Nr. 11 065
KOHL VERLAG

12 Körpersprache

I

Verbeugung

Diese Begrüßungsform kannte man früher bei uns auch; heute ist sie vor allem noch in Asien üblich. Es bedeutet: Ich habe Respekt vor dir, du bedeutest mir viel.

J

Händedruck

Bei der Begrüßung und bei der Verabschiedung gibt man sich in vielen Ländern die Hände. Das bedeutet auch: Wir beide sind gleich viel Wert, oder: Wir machen Frieden.

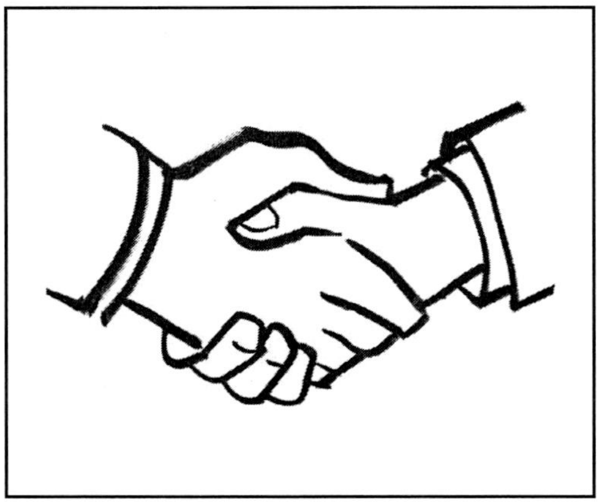

K

Nasenreiben

Vor allem bei den Inselvölkern in Polynesien praktiziert man das Nasenreiben bei der Begrüßung.

KOHL VERLAG VON RAUCHZEICHEN ZU MAIL & SMS Die Geschichte der Nachrichtenübertragung von ganz früher bis heute – Bestell-Nr. 11 065

12 Körpersprache

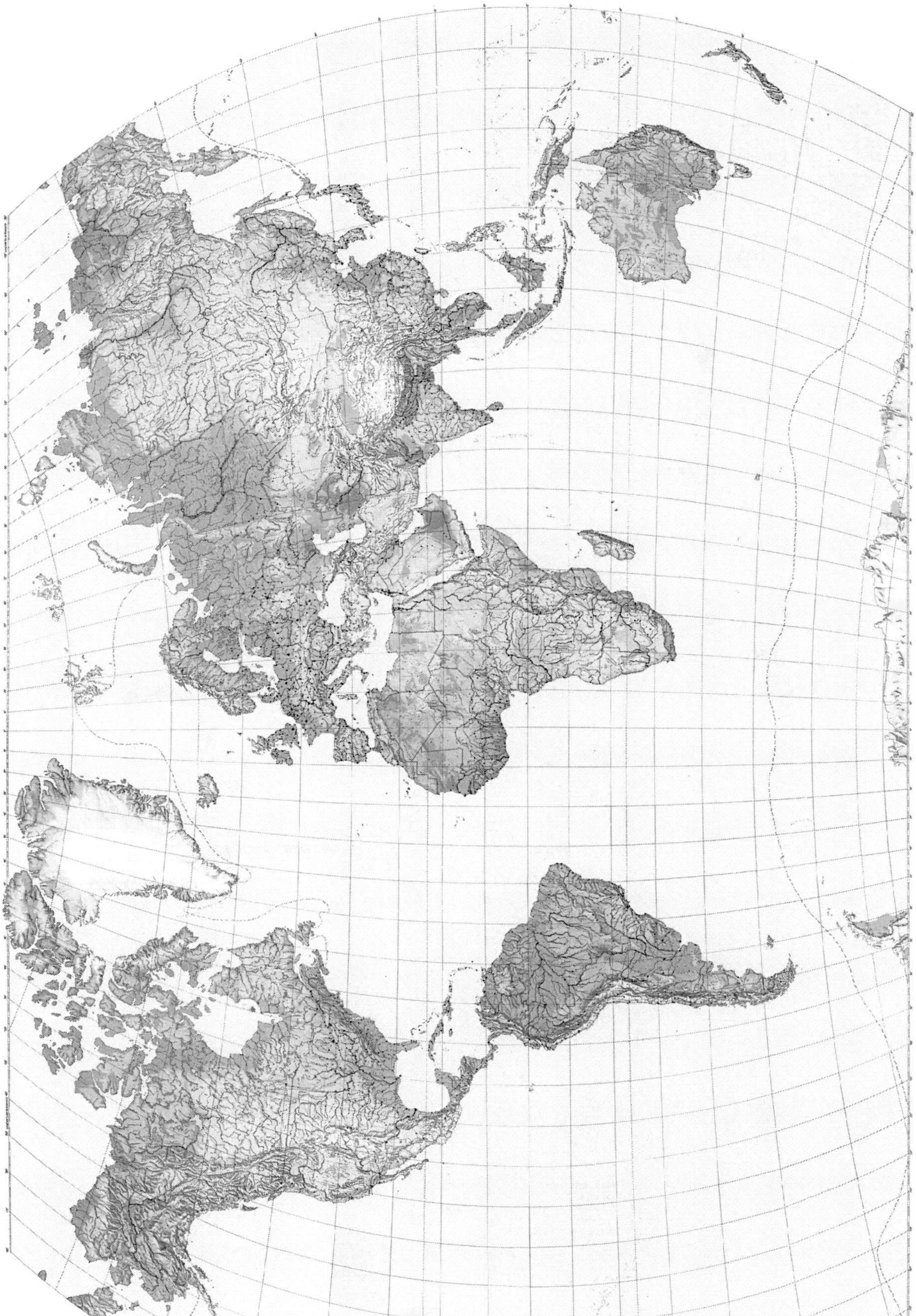

13 Tiersprachen

Zum Thema:

Tiere sprechen durch ihre Körperhaltung und durch ihren Gesichtsausdruck. Andere Tiere und Menschen können ihre Sprache zum Teil verstehen lernen.

Aufträge:

EA

1. Betrachte die Wolfsbilder auf dem Informationsblatt (siehe Seite 39). Was sagen sie aus?

   Wenn du Hilfe brauchst, dann lies die kurzen Sätze im Kästchen. Ordne sie den Bildern zu.

   - Spiel mit mir!
   - Ich gebe auf!
   - Komm mir nicht zu nahe!
   - Ich habe Angst!

2. Erfinde zu den Bildern auf Seite 39 eine Hundegeschichte, die eines oder alle Bilder der Geschichte beinhaltet. Füge die Bilder an den richtigen Stellen deiner Geschichte ein. Du kannst die Situationen auch selbst zeichnen. Schreibe in dein Heft/in deinen Ordner.

3. Lies die Texte auf der Seite 40.

4. Suche in Sachbüchern, in Tierlexika oder im Internet weitere Informationen zu anderen Tieren, zum Beispiel zur Sprache der Bienen oder zur Sprache der Spinnen. Gestalte mit deinen Informationen ein Plakat oder eine Ausstellung.

5. Was könnten die Tiere auf Seite 41 sich zu sagen haben? Formuliere!

KOHL VERLAG Lernen mit Erfolg
VON RAUCHZEICHEN ZU MAIL & SMS
Die Geschichte der Nachrichtenübertragung von ganz früher bis heute – Bestell-Nr. 11 065

A ______________________

B ______________________

C ______________________

D ______________________

KOHL VERLAG
VON RAUCHZEICHEN ZU MAIL & SMS
Die Geschichte der Nachrichtenübertragung von ganz früher bis heute – Bestell-Nr. 11 065

13 Tiersprachen

Die Klapperschlange
Fühlt sich die Klapperschlange bedroht, dann lässt sie ihre Rassel am Schwanzende vibrieren. Diesen Warnton kann man deutlich hören. Er bedeutet: „Komm mir nicht zu nahe! Sonst beiße ich zu!“

Das Glühwürmchen
Glühwürmchen benutzen ihre Lichtsignale, um andere auf sich aufmerksam zu machen; sie halten so nach Liebespartnern Ausschau.

Der Buckelwal
Der Buckelwal stößt unter Wasser Töne aus, die auf viele Kilometer Distanz zu hören sind. Walmütter erkennen ihre Jungen anhand ihrer Stimme.

Die Ameise
Ameisen senden Düfte aus. Sie riechen mit ihren Fühlern, wem sie begegnen. Sie haben also eine Duftsprache.

Der Wolf
Mit ihrem Gesichtsausdruck drücken Wölfe unterschiedliche Botschaften aus: Drohgebärden, Angst oder Freude.

Hund und Katze
Hunde und Katzen pinkeln an Hausecken oder Bäume. Sie markieren so ihr Revier: „Hier bin ich zuhause, das ist mein Reich!“

Das Zebra
Alle Tiere einer Zebraherde haben vollkommen unterschiedliche Streifenmuster. Zebras können sich so gegenseitig gut unterscheiden. Zudem verwirren sie damit auch Feinde: Die in Afrika gefährliche Tsetse-Fliege landet nicht auf Zebras, denn sie wird durch das Streifenmuster verwirrt. Ein Löwe hat Mühe, sich in einer flüchtenden Zebraherde auf ein Tier zu konzentrieren: Die Streifenmuster beginnen vor seinen Augen zu tanzen.

KOHL VERLAG
VON RAUCHZEICHEN ZU MAIL & SMS
Die Geschichte der Nachrichtenübertragung von ganz früher bis heute – Bestell-Nr. 11 065

13 Tiersprachen

VON RAUCHZEICHEN ZU MAIL & SMS
Die Geschichte der Nachrichtenübertragung von ganz früher bis heute – Bestell-Nr. 11 065
KOHL VERLAG

14 Die Überwindung von Distanzen

Zum Thema: Die unkomplizierteste Art der Kommunikation ist es, direkt mit jemandem zu sprechen. Schwieriger wird die Unterhaltung aber, wenn der Gesprächspartner oder die Gesprächspartnerin weit entfernt ist. Heute brauchen wir dafür ganz selbstverständlich Telefon, Post und Internet. Früher war das nicht so einfach.

Aufträge:

GA

1. Schneidet alle Texte aus. Versucht sie in eine richtige zeitliche Reihenfolge zu legen: Was zuerst war, kommt zuoberst, das Moderne zuunterst. Man nennt das chronologisch. Versucht Jahreszahlen dazuzusetzen, wenn ihr welche findet. Vielleicht gibt es nicht überall eine eindeutige Lösung.

EA

2. Erkläre, woher der Staffellauf stammt.

EA

3. Was versteht man unter Sturmgeläut?

EA

4. Wie gelang es den Indianern, Rauchzeichen zu geben? Erkläre.

14 Die Überwindung von Distanzen

A

Im Altertum wurden Schriftstücke durch Boten überbracht. Die schriftliche Nachricht war in einer Rolle versorgt.

Für dringende Informationen kannte man die Stafette: An einer vereinbarten Stelle wartete jeweils ein weiterer Bote; er übernahm die Rolle und rannte weiter bis zur nächsten Übergabe. Dadurch konnte die Geschwindigkeit gesteigert werden, da keiner der Boten zu müde wurde.

Als sportlichen Wettkampf kennen wir den Staffellauf heute noch; der Stab, der jeweils übergeben wird, erinnert an die Nachrichtenrolle.

B

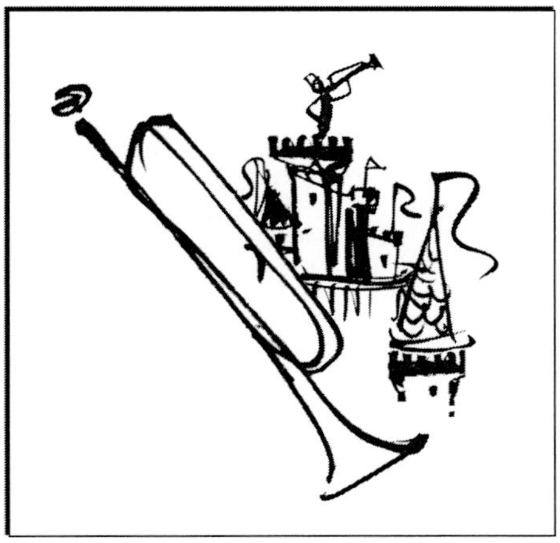

Auf den mittelalterlichen Burgen verwendeten die Wachtposten akustische Signale.

Trompetenstöße kündigten zum Beispiel die Ankunft eines Ritters an, oder man rief so die Soldaten zur Versammlung.

C

In vielen Dörfern ist das Läuten der Kirchenglocken noch heute akustisches Signal. Im Normalfall werden damit Gebetszeiten sowie kirchliche Anlässe angekündigt, aber auch Todesfälle oder Hochzeiten.

Für die Bekanntmachung besonderer Ereignisse, bei Naturkatastrophen wie Hochwasser oder Bränden, kennt man das Sturmgeläut. In den Städten übernehmen heute Sirenen solche Warnungen.

VON RAUCHZEICHEN ZU MAIL & SMS
Die Geschichte der Nachrichtenübertragung von ganz früher bis heute – Bestell-Nr. 11 065
KOHL VERLAG

14 Die Überwindung von Distanzen

D

Von den Indianern Nordamerikas weiß man, dass sie Rauchzeichen verwendeten, weil die Gebiete sehr groß waren. Um eine Rauchwolke zu erzeugen, deckten sie das Feuer mit einem großen Stück Leder ab; nach kurzer Zeit entfernten sie das Leder wieder. Die einfachsten Zeichen der Sioux-Indianer bedeuteten:

Aufsteigender Rauch: Achtung!

Zwei Rauchwolken: Alles in Ordnung.

Drei Rauchwolken: Gefahr, Hilfe!

E

Im alten Griechenland wurden Nachrichten vor allem durch Boten übermittelt. Man kennt zum Beispiel die Geschichte von einem Boten, der vom Schlachtfeld weg pausenlos lief, bis er in Athen ankam und die Nachricht verkündete: „Wir haben bei Marathon die Perser besiegt!“ Er hatte sich so angestrengt, dass er anschließend tot umfiel.

Zur Erinnerung kennt man noch heute den populären Laufwettkampf unter dem Namen Marathon, der 42,195 km lang ist, genau so lang wie die Strecke vom Ort Marathon bis nach Athen.

F

Heute ist die Überwindung großer Distanzen dank E-Mail und SMS zur Selbstverständlichkeit geworden.

14 Die Überwindung von Distanzen

G

Zu Beginn des letzten Jahrhunderts benutzten immer mehr Menschen die Post. Noch unsere Urgroßeltern kannten kaum eine andere Methode als Briefe, um persönliche Nachrichten über größere Entfernung zu verschicken.

Mit der Zeit wurde auch das Telefon für alle zum alltäglichen Kommunikationsmittel.

H

Schon vor tausenden von Jahren wurde das Feuer als optisches Signal verwendet. Tagsüber konnte man auf Distanz den Rauch sehen, nachts den Lichtschein.

Der Code, der vereinbart sein musste, bezog sich auf die Größe des Feuers und auf die Brenndauer. Es war so aber nicht möglich, komplizierte Botschaften zu vermitteln.

I

Schiffsmannschaften können sich nicht nur durch Hornsignale mit anderen Schiffen verständigen: Seit etwa 100 Jahren benutzt man auch Funkgeräte. Sie tauschen Informationen mit Hilfe elektromagnetischer Wellen aus, heute unterstützt durch Satelliten.

Übrigens: Für die Schifffahrt nutzt man auch heute noch Leuchttürme; sie sollen die Schiffe in der Dunkelheit davor bewahren, zu nahe ans Ufer zu kommen.

15 Papier und Druck

Zum Thema: Es gibt zwei Erfindungen, die die menschliche Kommunikation wie keine andern geprägt haben: Papier und Druck.

Aufträge:

GA

1. Lest die beiden Texte „Schriftträger“ und „Buchdruck“. Schlagt Wörter, die ihr nicht versteht, im Lexikon nach.
2. Unterstreicht die wichtigsten Aussagen mit Farbe.
3. Sammelt verschiedene Papiere: dicke, dünne, farbige, weiße, gemusterte und einfarbige, Papiere zum Verpacken, Papiere zum Schreiben, bedruckte Papiere, WC-Papier, Karton etc.. Macht auf diesen Papieren verschiedene Schreibversuche mit Tinte und Farbstiften.
4. Sammelt verschiedene Drucksachen, aus denen ihr Muster herausreißen könnt: Werbung, Heftchen, Zeitungen, Plakate, Telefonverzeichnisse, Fahrpläne, alte Bücher. Schneidet unterschiedliche Schriftgrößen und Schriftarten aus. Macht daraus eine kleine Collage.

EA

5. Bringe die folgenden Schriftträger zeitlich in die richtige Reihenfolge. Beginne mit dem ältesten und nummeriere von 1 bis 4.

Tierhaut	Stein	Papier	Ton
☐	☐	☐	☐

VON RAUCHZEICHEN ZU MAIL & SMS
Die Geschichte der Nachrichtenübertragung von ganz früher bis heute – Bestell-Nr. 11 065
KOHL VERLAG

15 Papier und Druck

Schriftträger

Schon früh haben die Menschen versucht, Informationen schriftlich festzuhalten. Zunächst ritzte man Zeichen in Stein; allerdings war der Transport dieser Informationen dann schwierig.

Später drückte man die Zeichen in Ton und brannte ihn anschließend; aber auch Tontafeln sind für den Transport ungeeignet, da sie zerbrechlich sind.

Lange Zeit benutzte man auch bearbeitete Tierhäute zum Schreiben; man musste sie aufspannen und trocknen lassen; diesen Schriftträger nennt man Pergament.

Die Chinesen entdeckten als erste das Geheimnis der Papierherstellung. Sie wässerten Baumrinde, vermischt mit Hanf und Lumpen, zu einem Brei, pressten ihn und ließen ihn trocknen.

Heute brauchen wir im täglichen Bedarf Unmengen an Papier; dafür werden ganze Wälder abgeholzt und in riesigen Fabriken zu unterschiedlichen Papieren verarbeitet. Gebrauchtes Papier kann man zur Wiederverwertung zurückgeben.

Buchdruck

Vor fünfhundert Jahren konnten nicht viele Menschen lesen und schreiben. Vor allem Mönche sowie öffentliche Schreiber waren damit beschäftigt, Bücher herzustellen, indem sie Seite für Seite von Hand abschrieben. Erst nach vielen Monaten, nach mühseliger Handarbeit, war jeweils ein neues Exemplar fertig. Darum war jedes Buch als Einzelstück äußerst kostbar.

In der Mitte des 15. Jahrhunderts entwickelte Johannes Gutenberg den Buchdruck. Er erfand ein System, bei dem einzelne Buchstaben aus Blei zu Wörtern und Sätzen zusammengestellt wurden. Dann färbte man sie mit Druckfarbe ein; ein Papierbogen nach dem andern wurde darauf gepresst. So konnte eine ganze Buchseite auf einmal bedruckt werden; vom gleichen Druckstock ließen sich dann viele gleiche Seiten nacheinander bedrucken. Die Anzahl dieser Wiederholung nennt man „Auflage“.

Allerdings musste diejenige Person, die die Bleibuchstaben aneinanderreihte, alles in Spiegelschrift bereitstellen. Man nennt diesen Vorgang „setzen“, der Beruf hieß „Setzer“, und von diesem Wort kommt der Ausdruck „Satz“.

Dank der Erfindung des Buchdrucks lernten mit der Zeit immer mehr Menschen lesen und schreiben. Heute ist der Umgang mit Papier und Buchstaben zur Selbstverständlichkeit geworden.

VON RAUCHZEICHEN ZU MAIL & SMS
Die Geschichte der Nachrichtenübertragung von ganz früher bis heute – Bestell-Nr. 11 065
KOHL VERLAG

16 Radio

Zum Thema:

Das Radio ist eine Erfindung aus den Anfängen des letzten Jahrhunderts. Radio heißt in Deutschland „Rundfunk“, in England „wireless“ (das bedeutet drahtlos).

Das Radioprogramm wird in einem Studio produziert und von einem Sender ausgestrahlt; so kann man es überall empfangen. Jedes Programm wird auf einer anderen Wellenlänge ausgestrahlt; diese Wellenlängen nennt man Frequenzen. Zusätzlich werden die Radioprogramme auch über Kabel verbreitet; so kommen sie garantiert störungsfrei an.

Aufträge:

EA

1. Sicher hast du einen Lieblingssender. Wie heißt er?
2. Finde die exakte Frequenz dieses Senders heraus.
3. Schreibe auf, was du an diesem Sender so gut findest.
4. Sendet dein Lieblingssender in ganz Deutschland oder ist er nur „regional“ zu empfangen.
5. Schreibe einen Werbetext für deinen Sender. Überzeuge andere davon, dass sie sich die Sendungen dieses Senders unbedingt anhören müssen! Vergiss die Gründe dafür nicht!
6. Auch das Radioprogramm wird für Werbung genutzt. Schreibe mindestens vier Titel der verschiedenen Werbungen auf. Welche gefällt dir am besten? Warum?

Gruppenarbeit:

GA

Erstellt gemeinsam eine Liste der drei beliebtesten Radiosender eurer Klasse. Hängt die Liste im Klassenzimmer auf. Überprüft ein paar Wochen später, ob sie noch stimmt.

KOHL VERLAG
VON RAUCHZEICHEN ZU MAIL & SMS
Die Geschichte der Nachrichtenübertragung von ganz früher bis heute – Bestell-Nr. 11 065

16 Radio

Mein Lieblingssender ist ______________________________

Frequenz: ______________________________

Folgende Sendung dieses Senders mag ich am liebsten:

____

Die Sendung läuft an einem ____________ um __________ Uhr.

Worum geht es in dieser Sendung?

____

____

____

Mein Werbetext:

Diesen Sender muss man unbedingt gehört haben!

____

____

____

____

Werbung im Radio: ______________________________

Meine 4 Lieblingswerbungen: ______________________________

____

Diese Werbung ____________________ gefällt mir am besten, weil

____

____

VON RAUCHZEICHEN ZU MAIL & SMS
Die Geschichte der Nachrichtenübertragung von ganz früher bis heute – Bestell-Nr. 11 065
KOHL VERLAG

17 Telefon

Zum Thema:

Die Erfindung des Telefons liegt mehr als 150 Jahre zurück. Die ersten Verbindungen funktionierten über Leitungen; sogar auf dem Meeresboden zwischen Europa und Nordamerika liegen dicke Kabel, die gleichzeitig tausende von Gesprächen übertragen können. Später begann man die Satelliten zu nutzen. Heute wird das Telefonnetz auch zur Datenübermittlung von Computer zu Computer gebraucht.

Telefonnummern bestehen aus mehreren Abfolgen von Ziffern: Im hinteren Teil der Abfolge, die man wählen muss, steht die Rufnummer, vorne steht die Vorwahl. Für Gespräche ins Ausland braucht man davor zusätzlich die internationale Vorwahl.

Rufnummer (meist drei- bis achtstellig)	z.B. 331610
Vorwahl (beginnt mit 0)	z.B. 02275
Internationale Vorwahl (vierstellig, beginnt mit 00)	z.B. 0049

Notrufnummern erfordern keine Vorwahl; man kann sie überall direkt eingeben. Sie sind gratis, das heißt, in der Telefonzelle braucht man auch keine Münzen.

Aufträge:

EA

1. Fülle die leeren Linien. Wähle Personen, die für dich persönlich wichtig sind.
2. Suche im Telefonbuch die Seite mit den Notrufnummern. Trage die richtige Nummer beim richtigen Zeichen ein. Schreibe die Begriffe dazu.

   - Polizei
   - Feuerwehr
   - Rettungsdienst/Notruf
   - Kinder- und Jugendtelefon
   - Sperr-Notruf für EC-Karten

3. Schneide die beiden Karten aus und klebe sie zusammen. So hast du deine persönliche Notruf-Karte.

17 Telefon

Meine Telefonnummer lautet:

Name ______________________________ Nr. ______________________

Weitere wichtige Nummern:

Name ______________________________ Nr. ______________________

Name ______________________________ Nr. ______________________

Name ______________________________ Nr. ______________________

Name ______________________________ Nr. ______________________

Internationale Vorwahl in Europa

Belgien	0032
Dänemark	0045
Deutschland	0049
Frankreich	0033
Griechenland	0030
Grossbrittannien	0044
Italien	0039
Niederlande	0031
Norwegen	0047
Österreich	0043
Polen	0048
Rumänien	0040
Schweiz	0041
Schweden	0046
Spanien	0034
Türkei	0090
Ungarn	0036

____________ ______________________________

____________ ______________________________

____________ ______________________________

____________ ______________________________

____________ ______________________________

VON RAUCHZEICHEN ZU MAIL & SMS
Die Geschichte der Nachrichtenübertragung von ganz früher bis heute – Bestell-Nr. 11 065
KOHL VERLAG

18 Briefe

Zum Thema:

Wir tauschen täglich Nachrichten auf ganz verschiedenen Wegen aus, zum Beispiel mittels Telefon, Internet oder SMS. Das Schreiben eines Briefes ist zwar nicht so modern, aber es hat viele Vorteile.

Aufträge:

EA

1. Lies den Text „Die Vor- und Nachteile eines Briefes “ genau.
2. Unterstreiche mit einer Farbe alle Bereiche, die du als Vorteile erachtest. Nimm eine andere Farbe für alle Nachteile. Erstelle zwei Listen und notiere so in Stichwörtern die Vorteile und die Nachteile.
3. Lies die Liste „Anlässe zum Briefe schreiben“. Entscheide dich für einen Anlass. Überlege dir, wem du schreiben willst. Wähle Papier und Briefumschlag aus, und schreibe.

Anlässe zum Briefschreiben:

- Eine Entschuldigung
- Trost spenden
- Ein wichtiges Erlebnis erzählen
- Erzählen, wie es einem geht
- Danke sagen
- Zum Geburtstag gratulieren
- Jemanden einladen
- Fotos verschicken

4. Beschrifte auch den Umschlag richtig. Die Adresse gehört in die rechte untere Hälfte, der Absender kommt oben links oder auf die Rückseite. Halte dich an die Vorlage.
5. Wenn du zufrieden bist mit dem Geschriebenen, kannst du den Brief abschicken. Falls der Brief ins Ausland geht, musst du dich besonders genau erkundigen, wie du ihn frankieren musst.

VON RAUCHZEICHEN ZU MAIL & SMS
Die Geschichte der Nachrichtenübertragung von ganz früher bis heute – Bestell-Nr. 11 065
KOHL VERLAG

Vor- und Nachteile eines Briefes

In einem Brief kann man etwas ausführlich erklären. Man kann sich auch zusätzlich zu den Buchstaben persönlich ausdrücken: Mit der Wahl des Formates und der Art des Papiers, mit der Handschrift, mit Bildzeichen, Symbolen oder mit Fotos, die man dazu legt. Wenn man zum Beispiel ein paar Herzchen neben den Text malt, dann ist das für den Empfänger oder die Empfängerin durchaus von Bedeutung! Beim Briefeschreiben kann man kreativ sein, man kann auch Farbstifte einsetzen, man kann auch zeichnen.

Briefe gelten als sehr sicher: Beim Telefonieren kann es sein, dass jemand anderer zuhört, beim Brief passiert das nicht. Außerdem sind Briefe gesetzlich geschützt: Es gibt ein Briefgeheimnis, und niemand anderer als der Empfänger oder die Empfängerin darf den Brief öffnen!

Die Botschaft eines Briefes hinterlässt einen wichtigen Eindruck; ein Brief kann immer wieder gelesen werden und gilt darum als wichtig. Allerdings dauert die Übermittlung eines Briefes je nach Distanz mehrere Tage; für schnelle Nachrichten und für dringende Fragen ist er darum nicht geeignet. Im Vergleich mit SMS ist ein Brief teurer; dafür kann man viel längere Berichte übermitteln.

Aachen, 25. März

Lieber Onkel Lukas,

wie du sicher weißt, habe ich am 4. April Geburtstag. Ich mache in unserem Keller eine Party! Gerne möchte ich dich dazu einladen. Es ist ein Samstag, und die Party beginnt um 15 Uhr. Kannst du kommen? Wenn es dir zu laut wird, kannst du ja auch mal im zweiten Stock vorbeischauen; die Eltern würden sich sicher freuen ...

Mit herzlichen Grüßen,
Roman

VON RAUCHZEICHEN ZU MAIL & SMS
Die Geschichte der Nachrichtenübertragung von ganz früher bis heute – Bestell-Nr. 11 065
KOHL VERLAG

19 SMS und E-Mail

Zum Thema:

SMS und E-Mail gehören heute zu den wichtigsten Kommunikationsmitteln. Sie sind aber nicht für alle Botschaften geeignet.

Aufträge:

EA

1. Lies die beiden Texte „Was ist SMS?“ und „Was ist E-Mail?“. Schlage Wörter, die du nicht verstehst, im Lexikon nach.

2. **a)** Unterstreiche die wichtigsten Aussagen mit Farbe, Vorteile jeweils blau, Nachteile rot.
   b) Schreibe zu beiden Medien je zwei Listen: Eine Liste mit den Vorteilen und eine Liste mit den Nachteilen.

3. In diesem Handy-Display steht ein SMS-Text. Verstehst du alles? Lies es laut, so wie es heißen würde, wenn du das in einem Brief schreiben würdest. Schreibe den Text in korrektem Deutsch und vergleiche anhand der Lösungen.

4. Mit der Tastatur von Handy und Computer kann man auch kleine Bildchen produzieren. Man nennt sie Emoticons.

<u>Zum Beispiel</u>:

:-)	ich lache
:,-)	ich weine
:-(	ich bin schlecht drauf
0<-<	Mann
0<-=	Frau
:-o	ängstlich

Probiere die Zeichen auf der Tastatur aus.
Kennst du noch weitere?

VON RAUCHZEICHEN ZU MAIL & SMS
Die Geschichte der Nachrichtenübertragung von ganz früher bis heute – Bestell-Nr. 11 065
KOHL VERLAG

19 SMS und E-Mail

Was ist SMS?

SMS ist eine Abkürzung aus dem Englischen; sie bedeutet „Short Message Service", was „Dienst für kurze Mitteilungen" heißt. SMS werden von einem Mobiltelefon zum anderen gesendet. Sie eigen sich immer dann, wenn wir eine kurze Nachricht übermitteln wollen, wenn wir uns verabreden wollen oder Fragen stellen. SMS ist also ideal für spontane Verabredungen und für den schnellen Austausch von Botschaften. Allerdings bekommt man nicht unbedingt sofort eine Bestätigung oder eine Antwort; wenn der Empfänger oder die Empfängerin keine Zeit hat oder das Handy ausgeschaltet hat. Wenn du sicher sein willst, dass deine Botschaft angekommen ist und zur Kenntnis genommen wurde, dann ist es besser, zu telefonieren.

Oftmals werden in der SMS Wörter abgekürzt, und die Rechtschreibung ist nicht immer korrekt; zum Beispiel schreiben viele Menschen in der SMS alles klein. Ein SMS-Text kann nur bis zu 160 Zeichen (Buchstaben, Satzzeichen und Leerschläge) enthalten; für längere Texte ist die SMS nicht geeignet. Eine SMS schicken ist billiger als telefonieren. Für komplizierte Erklärungen wählt man aber besser ein anderes Medium.

Was ist E-Mail?

E-Mail ist ebenfalls ein Begriff aus dem Englischen; er bedeutet „elektronischer Brief". Beim E-Mail gelten ähnliche Regeln wie beim richtigen Brief: Vor der eigentlichen Mitteilung kommt eine Anrede, und am Schluss ein Grußwort sowie eine Unterschrift. Zusätzlich setzt man beim E-Mail eine Art Titel; man nennt den „Betreff".

E-Mails werden von einem Computer aus übers Internet zu einem andern Computer gesendet. Die Distanz spielt dabei keine Rolle; E-Mails können blitzschnell rund um die Welt wandern und erreichen den Empfänger oder die Empfängerin in der gleichen Minute.

Beim E-Mail kann man, im Gegensatz zum SMS, elektronische Dokumente dazulegen; man nennt das „Anhang". Fotos, Pläne, lange und ausführliche Texte, Zeichnungen, Lieder und ganze Filme kann man so verschicken.

E-Mails sind wesentlich teurer als herkömmliche Briefe; man muss nämlich die Kosten für den Computer und für den Internetanschluss mitrechnen. Zudem sind E-Mails nicht geschützt: Es gibt kein Briefgeheimnis; jede Person, bei der das E-Mail landet, kann es lesen. Es gibt weltweit eine unvorstellbar große Anzahl an E-Mail-Adressen; da können auch Fehler passieren. Zudem kann man sich nur schwer vor unerwünschten E-Mails schützen (Werbung und so genannte SPAM).

KOHL VERLAG VON RAUCHZEICHEN ZU MAIL & SMS Die Geschichte der Nachrichtenübertragung von ganz früher bis heute – Bestell-Nr. 11 065

20 Notizen, Zettelchen

Zum Thema:

Nicht immer muss man ganze Sätze schreiben. Bei Notizen, die für jemand anderen bestimmt sind, müssen wir aber immer darauf achten, dass die Aussagen einfach und deutlich sind.

Aufträge:

EA

1. Lies die fünf Zettelchen genau.

2. In welchen Situationen werden diese Zettelchen gebraucht? Ordne ihnen je eine der Wortgruppen zu.

- in der Schule: während einer Stillarbeit
- Zuhause: in der Küche
- am Anschlagbrett im Warenhaus
- an einer Ladentüre
- im Geldbeutel: zur Erinnerung

3. Schreibe auf dem Arbeitsblatt bei allen fünf jeweils dazu, ...

a) ... wer der Schreiber oder die Schreiberin ist und
b) ... an wen sich die Notiz richtet.

4. Denke dir weitere Situationen für solche Kurzmitteilungen aus. Schreibe sie auf Zettelchen und klebe sie dazu.

20 Notizen, Zettelchen

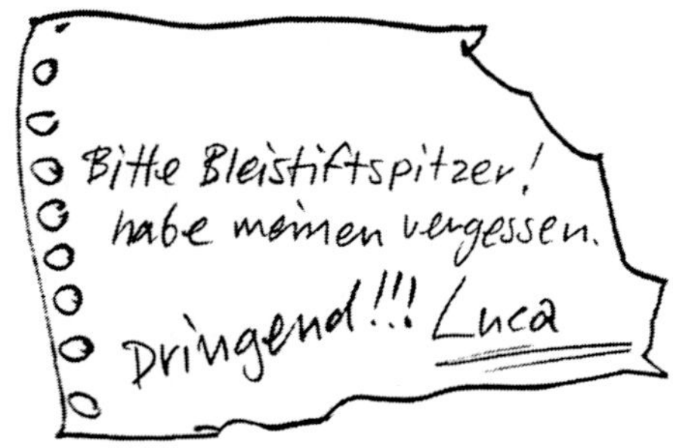

ZU VERKAUFEN

1 Paar Schlittschuhe,

weiß, gebraucht,
in gutem Zustand
Größe 36, 40 Euro
Tel: 02275/331610

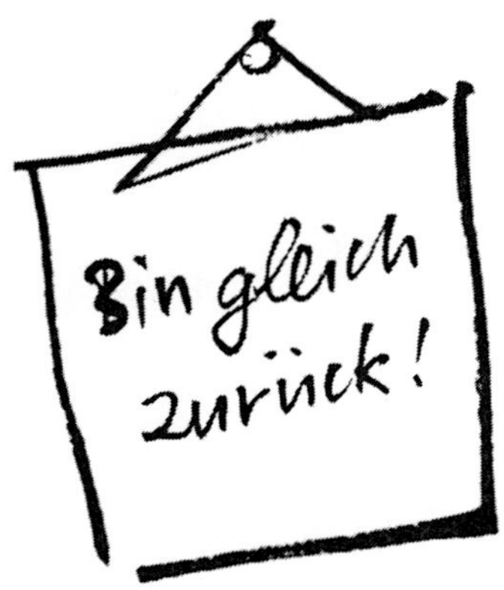

21 Andere Länder, andere Sprachen

Zum Thema:

Die Welt kennt über 200 verschiedene Sprachen. Auch in unserer näheren Umgebung werden viele unterschiedliche Sprachen oder Dialekte gesprochen.

Aufträge:

PA

1. Welche Sprachen kennt ihr? Schreibt sie auf. Sucht jeweils auf der Europakarte oder auf der Weltkarte die Gebiete.

2. Ergänzt die Tabelle. Benutzt dazu Wörterbücher und Internet. Fragt Nachbarn, Mitschülerinnen und Verwandte. Manchmal werden Wörter in anderen Sprachen sogar gleich geschrieben, aber anders ausgesprochen. Wenn ihr noch weitere Sprachen findet, dann schreibt eine neue Tabelle.

3. Auch in der deutschen Sprache gibt es Unterschiede: Je nach Land oder Region werden für das gleiche Wort unterschiedliche Laute verwendet. Man nennt das Dialekte. Zum Beispiel heißt Mädchen im Rheinland Mädsche, in Baden bzw. Schwaben Meidle oder Mädele, in Bayern Madl oder Medi und im Emsland gar Wichter. Kennt ihr weitere Beispiele?

4. Betrachtet die Illustration. Schreibt auf, was euch dazu einfällt.

5. Es gibt Bezeichnungen, die das Gleiche meinen, aber vollkommen unterschiedlich tönen. Für die Pflanze Löwenzahn zum Beispiel gibt es verschiedene Dialektwörter. Sammelt möglichst viele Beispiele: Fragt bei Eltern, Großeltern und Nachbarn nach, vielleicht auch bei Verwandten, die nicht in eurer Nähe wohnen, welches Dialektwort sie für Löwenzahn verwenden. Ihr könnt auch ein Naturlexikon und das Internet zu Hilfe nehmen. Wenn ihr genügend Beispiele gefunden habt, dann gestaltet damit ein Plakat. Zeichnet eine Löwenzahnpflanze oder klebt ein Foto auf. Schreibt die Namen und die Regionen dazu.

6. Es gibt mehrsprachige Lieder. Das berühmte Geburtstagslied Happy birthday to you kann man in vielen Sprachen singen. Sammelt möglichst viele Strophen des Liedes. Schreibt sie auf und gestaltet damit ein Plakat.

VON RAUCHZEICHEN ZU MAIL & SMS
Die Geschichte der Nachrichtenübertragung von ganz früher bis heute – Bestell-Nr. 11 065
KOHL VERLAG

21 Andere Länder, andere Sprachen

Deutsch	Baum	Krokodil	Tausendfüßler	Mutter
Französisch	arbre	crocodile	mille-pattes	
Englisch	tree	crocodile		
Italienisch	albero	cocodrillo		
Türkisch				
Spanisch				

KOHL VERLAG
VON RAUCHZEICHEN ZU MAIL & SMS
Die Geschichte der Nachrichtenübertragung von ganz früher bis heute – Bestell-Nr. 11 065

22 Cool oder uncool?

Zum Thema:

Nicht alle Menschen, die Deutsch sprechen, sprechen auch die gleiche Sprache. Dieser Satz ist kein Widerspruch! Denn es kommt immer drauf an, wer wo wann spricht.
Es gibt zum Beispiel ...

- ... Kleinkindersprache
- ... Sprache von Jugendlichen
- ... ironische Sprache
- ... Märchensprache
- ... Zeitungssprache
- ... Amtssprache

Aufträge:

EA

1. Lies die beiden Texte. Verstehst du sie? Diskutiere mit einem Partner oder einer Partnerin.

2. Unterstreiche im ersten Text alle Wörter, die amtlich klingen, im zweiten Text alle Wörter, die typisch für coole Jugendsprache sind.

3. Übertrage beide Briefe in eine „normale", allen Menschen verständliche Sprache. Schreibe die Texte neu.

4. **a)** Erstelle eine Liste mit Wörtern, die du nur in der Jugendsprache verwendest, und schreibe dazu jeweils die Bedeutung. Manchmal gibt es mehrere Bedeutungen, beispielsweise ...
   - ... ***cool:*** toll, hervorragend, lässig
   - ... ***schnallen:*** begreifen, verstehen, klar werden
   - ... ***mega:*** ...

   b) Führe diese Liste in den nächsten Tagen weiter: Ergänze sie immer wieder, wenn jemand ein Wort verwendet, das du noch nicht notiert hast. So kommt ein ganzes Wörterbuch zusammen. Vergleicht eure Notizen.

   c) Mach eine ähnliche Liste mit einer anderen Gruppensprache, z.B. die Sprache von Comics.

22 Cool oder uncool?

POLIZEIPOSTEN HORBURG

Wm Knüsel

Tina Knauf
Filtergasse 17
4567 Wohnhofen

Betr: Anfr. Fahrraddiebstahl, Marke Cilo, schwarz
Dem Empfänger dieses Schreibens wird bzgl. der Anfrage vom 24. d. M. Bescheid gegeben, dass die Frage des Fahrraddiebstahls geklärt ist. Durch Mitteilung von Frau Verona Henzi, wohnhaft in der Fliedergasse 84, ist eine Patrouille auf ein unidentifiziertes Objekt an der Ecke Fliedergasse/Eichenweg aufmerksam geworden. Es stand in unversehrtem Zustand, angelehnt an eine Mauer, an besagtem Ort. Ob es entwendet wurde oder ob es vom Besitzer dort vergessen wurde, entzieht sich unserer Kenntnis. Damit ist der Sachverhalt zwar nicht gänzlich geklärt, doch für den Besitzer ist das unerheblich.
Hiermit wird der Besitzer aufgefordert, das Fundstück auf dem Polizeiposten Horburg unter Vorlage dieses Schreibens abzuholen.

K. Knüsel
Sig. WM K. Knüsel

Hallo Frau Henzi!
Das ist mega, dass ich meinen Drahtesel wieder habe! Weil Sie das Ding gesichtet haben und weil Sie die Meldung ruckzuck der Polizei gekabelt haben, kann ich es schon morgen abholen. Ich bin echt froh darüber. Ich habe zunächst gar nicht geschnallt, dass es weg war. Erst als Ma mich danach fragte, merkte ich, dass da etwas faul war. Jetzt bin ich aber mega froh!
Ein dralles Dankeschön an Sie!
Tina Knauf

KOHL VERLAG VON RAUCHZEICHEN ZU MAIL & SMS
Die Geschichte der Nachrichtenübertragung von ganz früher bis heute – Bestell-Nr. 11 065

23 Diskussion in der Gruppe

Zum Thema:

Manchmal geht es in Gruppengesprächen laut zu und her. Das muss nicht sein. Denn die Lautesten haben nicht immer Recht.

Aufträge:

PA

1. Betrachtet die Zeichnung und macht euch eure Gedanken dazu.
2. Tauscht untereinander aus, was euch besonders auffällt. Zählt auf, was in dieser Klasse alles falsch läuft.
3. Lest euch gegenseitig die Gesprächsregeln vor.
4. Schreibt die Regeln in Kurzform auf. Besprecht miteinander eure Formulierungen.
5. Schreibt die Regeln in Kurzform auf ein Plakat. Gestaltet das Plakat so, dass man es auch von Weitem lesen kann.
6. Schreibt noch weitere Punkte dazu, die euch wichtig erscheinen.

Gruppenarbeit:

Führt gemeinsam ein Gespräch zu einem frei gewählten Thema. Wählt einen Gesprächsleiter. Diskutiert ganz bewusst so, dass die Regeln eingehalten werden.

<u>Mögliche Themen</u>:

- Haustiere ja oder nein?
- Sollen Handys verboten sein?
- Englisch oder Französisch?

23 Diskussion in der Gruppe

Gesprächregeln

- Alle sollen sich gegenseitig ins Gesicht sehen können: Das geht am besten in einem Kreis.
- Wir bestimmen jemanden als Gesprächsleitung. Die Gesprächsleitung behält ihre persönliche Meinung für sich. Sie leitet das Gespräch. Sie achtet darauf, dass alle, die sich melden, zu Wort kommen. Sie unterbricht, wenn jemand zu lange spricht.
- Wer etwas zu sagen hat, meldet sich zu Wort.
- Wir sprechen laut und deutlich.
- Wir hören einander zu. Wir lassen einander ausreden.
- Andere Meinungen werden ernst genommen.
- Wir fragen, wenn wir etwas nicht verstanden haben.

VON RAUCHZEICHEN ZU MAIL & SMS
Die Geschichte der Nachrichtenübertragung von ganz früher bis heute – Bestell-Nr. 11 065
KOHL VERLAG

24 Beschränkung auf das Wesentliche

Zum Thema:

Lara ruft an: Sie hat eine wichtige Nachricht für deine ältere Schwester Nadine. Aber Nadine ist nicht zuhause. Du versprichst Lara, die wichtige Nachricht auf einen Zettel zu schreiben, damit deine Schwester sie sofort sieht, wenn sie nach Hause kommt.

Aufträge:

PA

1. Was schreibst du auf? Wenn du nicht sicher bist, dann unterstreiche zuerst die Stellen, die für Nadine am wichtigsten sind, im Text mit Farbe. Schreibe dann den Notizzettel. Versuche es mit möglichst wenigen Worten.

2. Übe, den Text laut zu lesen; stell dir vor, wie das am Telefon klingen würde. Lara macht offenbar keine Pause beim Reden: Sie spricht ununterbrochen.

3. Suche dir einen Partner oder eine Partnerin, die den Text noch nicht kennt. Lies den Text vor; dein Partner oder deine Partnerin soll anschließend den Notizzettel für Nadine schreiben. Geht das?

VON RAUCHZEICHEN ZU MAIL & SMS
Die Geschichte der Nachrichtenübertragung von ganz früher bis heute – Bestell-Nr. 11 065
KOHL VERLAG

24 Beschränkung auf das Wesentliche

Hallo, ist Nadine da? – Nein? Oh weh, das ist aber dumm, ich muss ihr etwas sehr Wichtiges sagen. Nadine hat nämlich heute morgen – weißt du, wir gehen in die gleiche Klasse, Nadine und ich, im Schulhaus Seidenbaum, ach ja, das kennst du auch? Ja, das ist dort bei der großen Kreuzung, gleich hinter den Tennisplätzen, wir können dort nämlich hingucken, unsere Fenster gehen direkt auf diese Seite hinaus. Im Sommer, wenn es heiß ist und wir die Fenster offen haben, dann hören wir das Aufschlagen der Bälle. Und dort gleich hinter den Tennisplätzen ist ja unsere Turnhalle, ja und heute morgen haben wir nach dem Turnen im Umkleideraum noch etwas getrödelt, und plötzlich war es schon 11 Uhr und wir mussten losrennen. Herr Benz kennt kein Pardon, das ist unser Französischlehrer. Jedenfalls sind wir los, und vor dem Schulzimmer hat dann Nadine bemerkt, dass sie ihre Turntasche in der Garderobe vergessen hat. Sie war ganz aufgeregt, denn in der Tasche hatte sie ihren i-Pod, und eigentlich darf sie den gar nicht in die Schule mitnehmen. Weil wir schon so spät dran waren, konnte sie nicht mehr zurück. Und als wir dann nach der Schule beide nochmals hingingen, war die Tasche nicht mehr da. Nadine hat geheult und gesagt, die Tasche sei sicher gestohlen worden. Dabei ist das gar nicht so, ich habe nämlich heute Nachmittag Frau Bornstein getroffen, das ist die Hausmeisterin. Nadine war nicht dabei, denn sie hat das Wahlfach Pflanzenkunde, und die sind immer draußen beim Feldhof. Ich habe Frau Bornstein gleich gefragt, ob sie wisse, wer nach uns noch in der Garderobe war. Sie sagte niemand, sie habe selber abgeschlossen. Ja, und ich erzählte ihr die Sache mit der Turntasche und dem i-Pod, und da hat sie gelacht und gesagt, da sei sie froh, sie habe die Tasche aus der Garderobe mitgenommen, sie habe dann versucht herauszufinden, wem sie gehöre, aber es sei kein Name und keine Adresse dabeigestanden, nur so ein kleines weißes Kästchen habe sie gefunden, aber das sei auch nicht gekennzeichnet. Nadine kann bei ihr vorbeigehen und die Tasche abholen, und der i-Pod ist also noch da. Frau Bornstein ist heute Abend weg, sie ist aber morgen früh ab 7 Uhr im Schulhaus in ihrem Büro. Richtest du das bitte Nadine aus, damit sie sich keine Sorgen mehr macht? Danke und tschüss.

KOHL VERLAG VON RAUCHZEICHEN ZU MAIL & SMS Die Geschichte der Nachrichtenübertragung von ganz früher bis heute – Bestell-Nr. 11 065

25 ... und sonst noch?

Auftrag 1:

EA

Lies die Definition von Kommunikation.

> **Definition**
>
> Kommunikation ist die Vermittlung von Informationen zwischen einem Sender und einem Empfänger.

In der Zwischenzeit weißt du nun viel darüber. Erstelle eine Zeichnung zu dieser Definition.

Auftrag 2:

EA

Überlege dir zuerst, wer Sender und wer Empfänger sein soll. Woraus soll die Information bestehen?

Überlege dir zu den Beispielen Informationen, die vermittelt werden. Mögliche Beispiele:

a) Sender: *Hund* Empfänger: *Briefträger*

b) Sender: *Polizist* Empfänger: *Autofahrer*

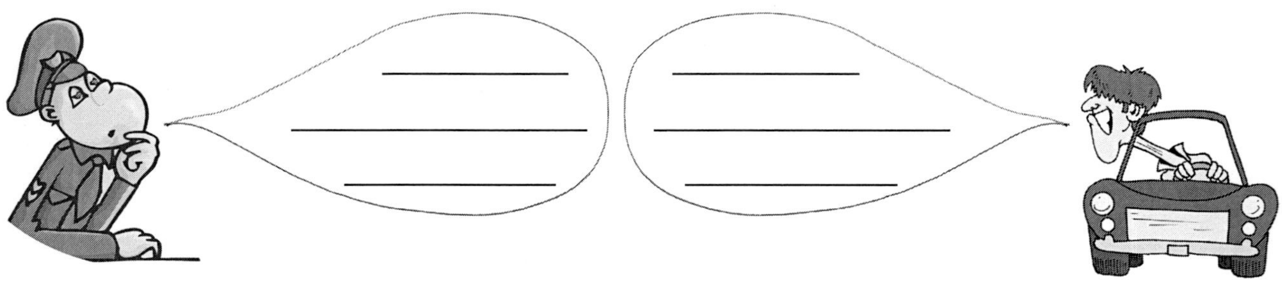

c) Sender: *Schüler* Empfänger: *Lehrerin*

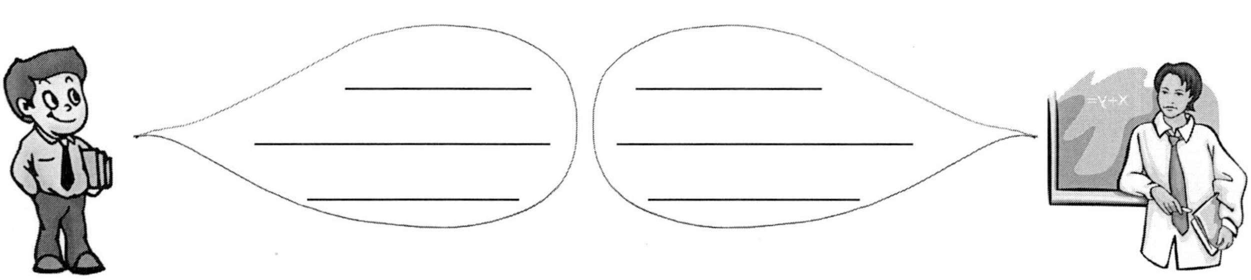

VON RAUCHZEICHEN ZU MAIL & SMS
Die Geschichte der Nachrichtenübertragung von ganz früher bis heute – Bestell-Nr. 11 065
KOHL VERLAG

25 ... und sonst noch?

Weißt du nun alles über die Kommunikationsmittel? Haben wir nichts vergessen?

Doch, doch, da wären zum Beispiel noch folgende Themen:

- Signale in der Schifffahrt
- Kommunikation in der Fliegerei (Funk)
- Noten, die Sprache der Musik
- Das Medium Fernsehen
- Sprache und Bilder bei Comics
- ...

Auftrag 3:

EA

Entscheide dich für eines der Themen. Sammle Informationen dazu; suche in Sachbüchern und im Internet. Schneide Texte und Bilder aus Prospekten aus.

Stelle diese Informationen zusammen, entweder auf einem Plakat oder als Infotext. Achte darauf, dass die Texte kurz sind und die Bilder das Wesentliche darstellen.

Auftrag 4:

EA

Vielleicht hast du auch eigene Ideen, was noch alles zum Bereich Kommunikation gehört.

26 Die Lösungen

1

2. Das Runen-S hat keine Rundungen, sondern ist „gerade“. Das hat beim Schnitzen oder Hauen in einen Stein Vorteile. Es geht dadurch einfacher und schneller, da man nur drei einfache Kerben erstellen muss.

3. Individuelle Lösungen.

4. Alles streng geheim.

2

2. Individuelle Lösungen.

3. Individuelle Lösungen.

3

2. Individuelle Lösungen.

3. Individuelle Lösungen.

4

2. Kannst du mich verstehen?

3. Individuelle Lösungen.

5

2. Übung macht den Meister.

4. Individuelle Lösungen.

6

3. Linke Spalte von oben nach unten:

d) Achtung! es kommt ein Zug!
k) Alle herhören: Es folgt eine wichtige Mitteilung.
h) Bitte Vorsicht, es gibt auch Radfahrer!
i) Warnsignal eines Autos: Hast du mich gesehen?
b) Ein Gewitter ist im Anzug.
f) Früh morgens: Ein neuer Tag beginnt.

Rechte Spalte von oben nach unten:

g) Ein Anlass in der Kirche: Messe, Trauerfeier ...
l) Vorsicht, Notfall!
c) Ich lasse dich nicht rein; ich beiße zu!
m) SMS
j) Es ist höchste Zeit zum Aufstehen.
a) Es steht jemand vor der Türe und möchte rein.
e) Sturmwind: Schnell ab ins Haus!

4. Individuelle Lösungen.

5. Individuelle Lösungen.

7

2.

 Abfall

 Information

 Parkhaus

 Rauchen verboten

 Treffpunkt

 WC Damen/Herren

 Selbstkontrolle

 Schließfach

 Fluchtweg

 Rolltreppe

 für Behinderte

 Hunde verboten

3. Individuelle Lösungen.

4. Individuelle Lösungen.

6. Individuelle Lösungen.

VON RAUCHZEICHEN ZU MAIL & SMS
Die Geschichte der Nachrichtenübertragung von ganz früher bis heute – Bestell-Nr. 11 065
KOHL VERLAG

26 Die Lösungen

8 **2.**

Achtung: Gegenverkehr!

Wohnstraße

Stopp!

Unterführung

Seitenwind

Geradeaus oder Abbiegen

Gefälle 10 %

Höchstgeschwindigkeit 60 km/h

Fußgängerstreifen

3. Individuelle Lösungen.

4. Individuelle Lösungen.

5. Individuelle Lösungen.

9 **2.** Siehe Karte rechts:

3. **a)** Es gibt 2 Gasthöfe.
b) Siehe „Fahrradweg" in Karte rechts.
c) Nicht unbedingt, da der Zeltplatz direkt neben einer Bahnlinie liegt. Lediglich eine Hecke gibt Lärmschutz.

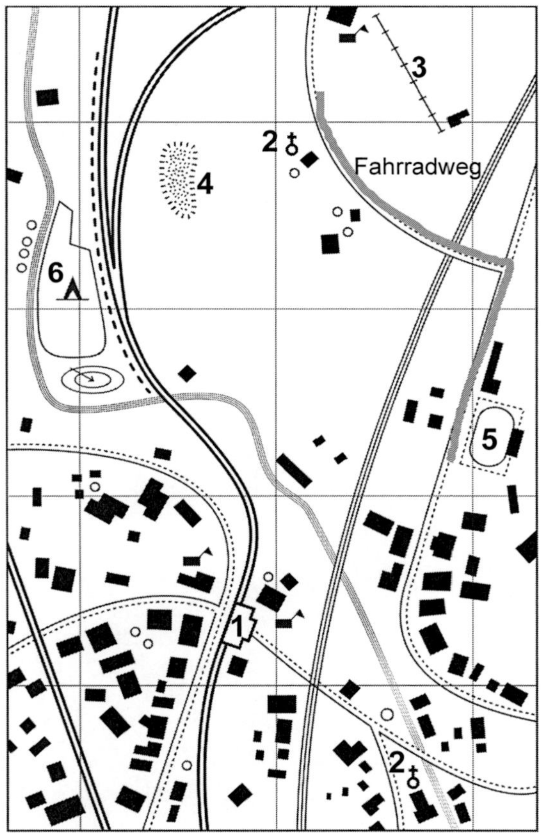

10 **1.** **Versöhnung**
Gestern Abend kam ich leider nicht pünktlich nach Hause. Da gab es ein heftiges Donnerwetter! Heute Mittag habe ich nun meiner Mutter einen Blumenstrauß mitgebracht. Sie hatte große Freude. Ich bin froh, dass wir beide wieder lachen können.

2. Individuelle Lösungen.

11 **1.** 33 45 42 52 15 42 14 15 33 13 34 14 15 25 15 33 33 44, 25 11 33 33 14 11 43 31 15 43 15 33.

2. Und das soll schwierig sein?

3.

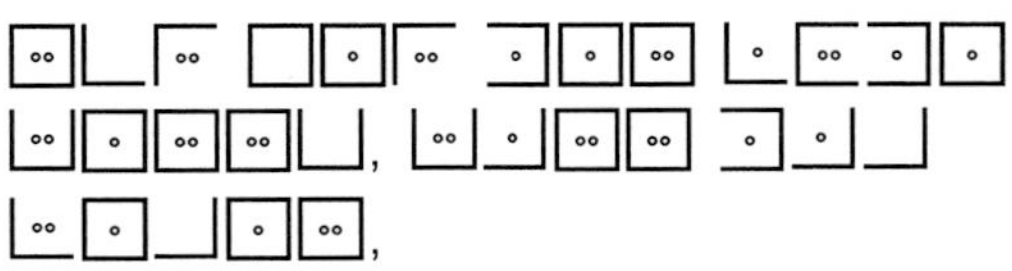

4. Wer das lesen will, braucht einen Schlüssel.

5. Individuelle Lösungen.

12 **1.** Siehe Karte links.

2. Individuelle Lösungen.

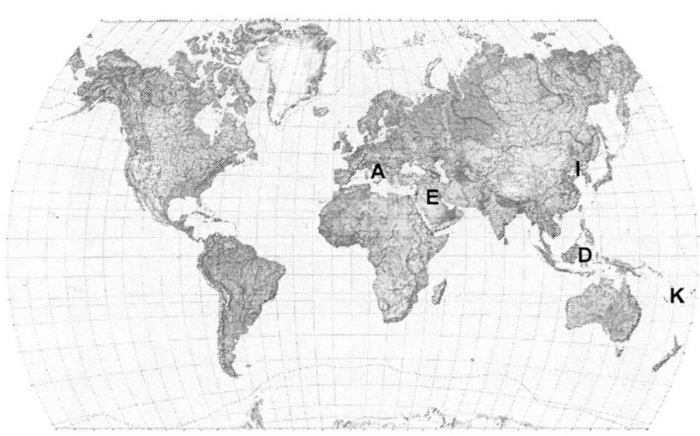

26 Die Lösungen

13 **1.** **A** = Komm mir nicht zu nahe!
B = Ich habe Angst!
C = Ich gebe auf!
D = Spiel mit mir!

4. Individuelle Lösungen.

5. Individuelle Lösungen.

14 **1.** Mögliche Lösung: H - E - A - D - B - C - G - I - F

2. Der Staffellauf hat seinen Ursprung bei der Nachrichtenübermittlung im Altertum. In einer Rolle wurden die Schriftstücke von einem Boten bis zur vereinbarten Stelle gebracht, an der ein anderer Läufer die Rolle übernahm und weiterlief bis zum nächsten Übergabepunkt. So wurde kein Bote müde und langsam, sondern die Rolle wurde mit gleicher Geschwindigkeit zum Ziel gebracht.

3. Das Sturmgeläut wurde an den Kirchen ausgelöst, wenn man besondere Ereignisse mitteilen wollte (z.B. Brände, Hochwasser oder andere Naturkatastrophen).

4. Die Indianer deckten das Feuer mit einem großen Stück Leder ab. So sammelte sich die Glut darunter. Wenn sich genug angesammelt hatte, entstand eine Rauchwolke.

15 **4.** Individuelle Lösungen.

5. Richtige Reihenfolge: 1 = Stein; 2 = Ton; 3 = Tierhaut; 4 = Papier

16 **1. - 6.** Individuelle Lösungen.

17 **1.** Individuelle Lösungen.

2.

110 = Polizei

112 = Feuerwehr

116116 = Sperr-Notruf

112 = Rettung/Notruf

08001110333 = Kinder- und Jugendtelefon

18 **2.** Vorteile:
- Man kann ausführlich erklären, lange Berichte übermittelbar.
- Zusätzlich persönlicher Ausdruck durch Papier/Handschrift/Bildzeichen/Symbole/Fotos/Farbe/Zeichnungen.
- Briefe kann man kreativ gestalten.
- Briefgeheimnis
- Brief kann immer wieder gelesen werden.

Nachteile:
- Briefe verschicken dauert je nach Distanz etwas länger.
- Nicht geeignet für schnelle Nachrichten und für dringende Fragen.
- Teurer als andere Nachrichtenübermittlungen.

19 **2.** **b) SMS**

Vorteile:
- kurze Nachricht senden (Verabredung, Fragen)
- spontan, schnell
- billiger als telefonieren

Nachteile:
- Wird nicht immer sofort beantwortet, da das Handy ausgeschaltet ist oder der Empfänger keine Zeit/Lust zu Antworten hat.
- Nicht sicher, ob die Botschaft auch angekommen ist oder wahrgenommen wurde.
- Für längere Texte ungeeignet, da lediglich 160 Zeichen zur Verfügung stehen.
- Rechtschreibung nicht immer korrekt.
- Nich für komplizierte Erklärungen geeignet.

VON RAUCHZEICHEN ZU MAIL & SMS
Die Geschichte der Nachrichtenübertragung von ganz früher bis heute – Bestell-Nr. 11 065
KOHL VERLAG

19

2. **E-Mail**

Vorteile: Betreff, Briefform, Distanz spielt keine Rolle, blitzschneller Empfang, Anhänge

Nachteile: teurer als Briefe, ungeschützt (kein Briefgeheimnis), Fehlleitung durch falsche Mailadresse, Erhalt von unerwünschten Mails (Spam)

3. Hallo Sarah, wie geht es dir? Sorry wegen gestern, ich habe es nicht geschafft, es war schon spät. Waren alle da? Auch Nik? Was ist mit Samstag nachmittag? Ja? Schwimmbad oder lieber Kino? Ich freue mich. Ganz liebe Grüße, Melanie

20

2. Es wird heute spät ... = Zuhause: In der Küche
Bitte Bleistiftspitzer ... = in der Schule: während einer Stillarbeit
Batterien verkaufen! = im Portemonnaie: zur Erinnerung
Zu verkaufen ... = am Anschlagbrett im Warenhaus
Bin gleich zurück! = an einer Ladentüre

3. **a)** Es wird heute spät ... = Mutter
Bitte Bleistiftspitzer ... = Luca
Batterien einkaufen! = man selbst
Zu verkaufen ... = unbekannt
Bin gleich zurück! = Ladenbetreiber

b) Es wird heute spät ... = Kinder/Mann
Bitte Bleistiftspitzer ... = Tischnachbar
Batterien einkaufen! = man selbst
Zu verkaufen ... = alle
Bin gleich zurück! = Kunden

4. Individuelle Lösungen.

21

1. Individuelle Lösungen.

2.

Deutsch	Baum	Krokodil	Tausendfüßler	*Mutter*
Französisch	arbre	crocodile	mille-pattes	*mère*
Englisch	tree	crocodile	*millepede*	*mother*
Italienisch	albero	cocodrillo	*millepiedi*	*madre*
Türkisch	*ağaç*	*timsah*	*kirkayak*	*ana*
Spanisch	*árbol*	*cocodrillo*	*miriápodo*	*madre*

3. Individuelle Lösungen.
4. Individuelle Lösungen.
5. Individuelle Lösungen.

22

2. Text 1: Wm - Betr. - Anfr. - Empfänger - Anfrage - 24. d. M. - Bescheid - wohnhaft - Patrouille - unidentifiziertes Objekt - unversehrtem Zustand - Besitzer - Kenntnis - Sachverhalt - unerheblich - Polizeiposten - unter Vorlage dieses Schreibens - Sig. - WM

Text 2: Hallo - mega - Drahtesel - Ding - gesichtet - ruckzuck - gekabelt - geschnallt - Ma - etwas faul - mega froh - dralles

VON RAUCHZEICHEN ZU MAIL & SMS
Die Geschichte der Nachrichtenübertragung von ganz früher bis heute – Bestell-Nr. 11 065
KOHL VERLAG

26 Die Lösungen

22 **3.** **Text 1:**

<u>Betreff</u>: Antwort auf Ihre Anfrage wegen Diebstahls Ihres Fahrrades Marke Cilo in Schwarz.

Hiermit möchte ich Ihnen auf Ihre Anfrage vom 24. dieses Monats antworten. Der Fahrraddiebstahl hat sich aufgeklärt. Frau Verona Henzi (Fliedergasse 84) hat uns darüber informiert, dass ein unbekanntes Fahrrad an der Ecke Fliedergasse/Eichenweg steht. Eine Patrouille fand dort Ihr Fahrrad ohne Schäden an die Mauer gelehnt. Es kann also nicht klar gesagt werden, ob Sie es dort vergessen haben oder ob es tatsächlich gestohlen wurde. Damit können wir das Verschwinden des Rades zwar nicht klären, aber das ist nun egal. Mit diesem Brief als Vorlage können Sie Ihr Rad auf dem Polizeiposten Harburg abholen.

Text 2:

Sehr geehrte Frau Henz!

Es ist toll, dass ich mein Fahrrad wieder habe! Weil Sie das Fahrrad entdeckt haben und weil Sie die Meldung schnell der Polizei mitgeteilt haben, kann ich es schon morgen abholen. Ich bin wirklich froh darüber. Ich habe zunächst gar nicht gemerkt, dass es weg war. Erst als meine Mutter mich danach fragte, merkte ich, dass etwas nicht stimmte. Jetzt bin ich wirklich froh! Ein herzliches Dankeschön an Sie! Tina Knauf

4. Individuelle Lösungen.

23 **2.**
- Der Lehrer brüllt „RUHE“.
- Ein Schüler träumt aus dem Fenster.
- Eine Schülerin spielt mit ihrem Handy.
- Ein Schüler spielt Verstecken.
- Ein Schüler attakiert andere mit einer Stein-/Papierschleuder.
- Zwei Mädchen unterhalten sich.
- Zwei spielen Fußball.
- Ein Mädchen und ein Junge unterhalten sich scheinbar offensichtlich über den Jungen, der ihnen den Rücken zudreht. Sie lästern höchstwahrscheinlich über ihn.

4. Individuelle Lösungen.

5. Individuelle Lösungen.

6. Individuelle Lösungen.

24 **1.** Individuelle Lösungen.

25 **1.**

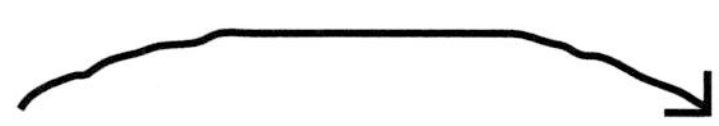

Sender Empfänger

2. Individuelle Lösungen.

3. Individuelle Lösungen.

4. Individuelle Lösungen.